AF326093

Cours d'Harmonie

Préparatoire et Élémentaire.

D'APRÈS

L'ÉCOLE MODERNE

avec des exemples tirés des meilleurs auteurs

Français, Allemands, Italiens et Espagnols

Destiné aux gens du monde et aux jeunes artistes

PAR

VICTOR COCHE

Ancien Professeur du Conservatoire, Chevalier de l'Ordre du Christ de Portugal,
Médaille d'Argent pour le Perfectionnement de la Flûte Böhm (Exposition 1862)
Professeur à l'École libre des Jésuites à Vaugirard depuis 1840.

Op. 16   Prix 5f net

HENRY LEMOINE
ÉDITEUR DE MUSIQUE IMPRIMEUR,
17 Rue Pigalle 256. Rue S.¹ Honoré
et 28 Boulev.ᵈ Poissonnière
PARIS.
Tous droits réservés.
1876

D'ailleurs, j'avais en ma faveur un précédent: après avoir écrit en 1838, une Méthode pour la Nouvelle Flûte où le principe de la progression avait été mon but, et où tout avait été calculé d'après la forme élémentaire, j'ai été assez heureux pour constater le succès de mon œuvre: quinze de mes élèves ont obtenu en effet des 2mes et 1ers prix au Conservatoire, et cinq d'entre eux sont aujourd'hui chevalier de la légion d'Honneur, et mon élève préféré, monsieur de Vroye est chevalier de l'Ordre de Saxe.

Ces heureux résultats m'ont encouragé à persévérer dans la même voie pour mon traité d'harmonie. Or, c'est un fait universel, la *formule* tue l'idée; l'étude trop longue et trop approfondie pour un seul effort du mécanisme harmonique, paralyse l'esprit et le rend pour ainsi dire stérile, tout préoccupé qu'il est de satisfaire aux mille détails de son instruction musicale; seuls, les grands harmonistes se meuvent à l'aise au milieu de ces difficultés qui détruisent la verve au lieu de la soutenir et de la fortifier.

Pénétré de ces pensées, je me suis arrêté à l'exposé de l'harmonie simple et artificielle, laissant de côté la fugue, le contre-point, etc: leur utilité scientifique est *incontestable*; mais, je crois être en cela d'accord avec l'opinion publique, ces études trop fortes pour des intelligences jeunes seront abordées avec plus de sérieux dans les traités des **grands Maîtres**, quand elles auront été préparées pour ainsi dire par des connaissances élémentaires justes et solides.

J'espère avoir réussi: trop heureux, si je ne me suis pas trompé, d'avoir tracé une voie nouvelle plus facile et plus sûre et d'avoir contribué, dans la mesure de mes forces, au développement de l'art musical.

V. COCHE.

INTRODUCTION.

Les sensations que nous fait éprouver la musique, naissent de deux causes, l'une est le chant, désigné communément sous le nom de **Mélodie**, l'autre est l'accompagnement de ce même chant auquel on donne le nom d'**Harmonie**.

Le chant ou la mélodie fruit de l'imagination, n'est soumis à d'autres règles que celles du goût, ou quelquefois de la fantaisie, qui selon les temps ou les lieux admettent, ou rejettent certaines formes qui tiennent de la mode ou du caprice, ce qui fait que chaque peuple ou chaque pays a son genre de mélodie particulier, qui tient à ses mœurs, à ses habitudes, ou à son climat.

Par exemple, la mélodie des Italiens est beaucoup plus douce que celle des peuples du nord; et la mélodie Française tient le milieu entre ces deux extrêmes.

L'harmonie plus positive et moins variable est régie par des lois immuables dont la connaissance est indispensable au musicien qui veut savoir son état. C'est par ce seul moyen qu'il peut parvenir à plaire aux oreilles exercées, et acquérir le titre de Compositeur.

Le musicien qui connaît l'harmonie par le raisonnement et la pratique, éprouve une infinité de jouissances, que ne peut ressentir celui qui ne pratique ce bel art, que par l'usage servile des doigts ou de la voix et comme on a dit, n'exécute la musique que comme le paysan qui fait des sabots. (ou Boileau dans son art poétique) Soyez plutôt maçon, si c'est votre métier.

L'accompagnement se compose de réunions de sons simultanés plus ou moins nombreux auxquels on donne le nom d'*accords*.

La formation de ces accords, les lois de leurs successions, les diverses modifications qu'ils peuvent subir, constituent les éléments d'une science qu'on désigne particulièrement par le nom d'*harmonie*.

L'art de l'accompagnement n'est que l'application de cette science sur le clavier.

Les accords les plus simples sont ceux de deux sons; ceux-là prennent le nom d'intervalle, mode qui n'indique que la distance d'un son à l'autre.

L'accord le plus compliqué pouvant se réduire à l'analyse des sons pris deux à deux, la connaissance des intervalles est donc une introduction indispensable à celle de l'harmonie complexe. C'est par l'exposé de leur théorie qu'il faut commencer.

ARTICLE I.

DES INTERVALLES.

On appelle *intervalle* la différence qu'il y a d'un son à un autre, entre le grave et l'aigu; (grave veut dire bas, et aigu veut dire haut.) C'est tout l'espace que l'un des deux aurait à parcourir pour arriver à l'unisson de l'autre. La différence qu'il y a de l'intervalle a l'étendue, est que l'intervalle est considéré comme indivisé, et l'étendue comme divisée.

L'intervalle a des degrés intermédiaires, qui les séparent. Ces degrés ont entre eux un certain ordre établi dans ce qu'on appelle *gamme*, dite également *échelle*, par allusion aux degrés qui la composent. Les degrés qui sont compris dans la gamme sont: la *seconde* qui est le plus petit intervalle, la *tierce*, la *quarte*, la *quinte*, la *sixte*, la *septième* et l'*octave*. On a donné aux différents intervalles qui peuvent se trouver entre deux sons, des dénominations dont l'objet est d'exprimer le nombre des degrés parcourus de l'un à l'autre de ces sons. Si entre deux sons quelconque, on n'a pas parcouru aucun degré, il n'y a plus entre eux aucun intervalle; ces deux sons s'appellent **unisson**.(C'est-à-dire même son)

Les intervalles sont simples ou composés.

Les intervalles *simples*, sont ceux qui sont renfermés dans l'octave, ainsi les intervalles de seconde, tierce, quarte, quinte, sixte, septième et octave, sont des intervalles simples.

Les intervalles *composés* sont ceux qui dépassent l'étendue de l'octave, comme la neuvième, la dixième, la onzième, la douzième, etc. Ces derniers peuvent s'étendre autant que le clavier général le permet.

Ces intervalles ont une borne; les expériences que les Théoriciens ont faites dans cette partie de la physique que l'on appelle acoustique, ou science des sons nous apprennent que les intervalles appréciables à nos oreilles sont fixés à huit octaves.

Ce qui est hors de cet espace soit au grave soit à l'aigu, est hors des limites des sons que nous pouvons juger, ce n'est par conséquent plus qu'un bruit.

Quoique selon l'harmonie, il y ait une différence bien marquée entre une neuvième et son intervalle simple qui est une seconde, entre une onzième et son intervalle simple qui est une quarte, il suffit néanmoins que les intervalles composés puissent être regardés en mélodie comme les répliques des intervalles simples, pour qu'on puisse profiter du moyen que fournit ce point de vue, soit pour trouver plus facilement tout intervalle composé, soit pour pouvoir le rapporter dans le besoin au primitif dont il est formé pour cet effet, on peut faire usage de la table suivante.

	Intervalles simples ou primitifs.(1)	2	3	4	5	6	7	8
Intervalles composés	Octaves des intervalles simples.	9	10	11	12	13	14	15
	Doubles octaves des intervalles simples.	16	17	18	19	20	etc.	etc.

(1) Primitif est synonime de simple.

On peut pousser cette table aussi loin que l'on voudra; on peut faire usage dé la méthode suivante; il faut ôter 7 du nombre qui désigne un intervalle composé autant de fois qu'il sera nécessaire pour parvenir à un intervalle simple; par exemple, pour trouver ce que c'est qu'une 26.º, ôtez trois fois 7 qui se trouvent dans ce nombre, et il reste 5 qui est une quinte, ainsi de suite pour les autres intervalles.

Lorsqu'on veut faire d'un intervalle simple un intervalle composé, on ajoute autant de fois 7, qu'on veut avoir d'octaves, on trouvera ci-dessous une table ou chacune des sept notes de la musique prise alternativement pour premier degré dans la première colonne donne, en suivant la ligne à droite, les noms des autres notes qui en forment les principaux intervalles.

EXEMPLE.

1	2	3	4	5	6	7	8	9	10	11	12	13	14
1.er Degré	Seconde	Tierce	Quarte	Quinte	Sixte	Septième	Octave	Neuvième	Dixième	Onzième	Douzième	Treizième	Quatorzième
do	ré	mi	fa	sol	la	si	do	ré	mi	fa	sol	la	si
ré	mi	fa	sol	la	si	do	ré	mi	fa	sol	la	si	do
mi	fa	sol	la	si	do	ré	mi	fa	sol	la	si	do	ré
fa	sol	la	si	do	ré	mi	fa	sol	la	si	do	ré	mi
sol	la	si	do	ré	mi	fa	sol	la	si	do	ré	mi	fa
la	si	do	ré	mi	fa	sol	la	si	do	ré	mi	fa	sol
si	do	ré	mi	fa	sol	la	si	do	ré	mi	fa	sol	la

Tout intervalle est *consonnant* ou *dissonant*. Les intervalles dissonants sont ceux qui se suivent immédiatement dans l'ordre des notes d'une gamme tant en montant, qu'en descendant.[1] En un mot, les intervalles dissonants sont ceux qu'on appelle en musique *degrés conjoints*, comme la seconde; les intervalles consonnants sont ceux qu'on appelle *degrés disjoints*, comme la tierce, la quarte etc. quoique la septième soit un degré disjoint, c'est pourtant un intervalle dissonant, à cause de son renversement, comme on le verra plus loin. Ainsi dans l'harmonie, les intervalles consonnants se réduisent à quatre primitifs, savoir: la tierce, la quarte, la quinte et la sixte; ceux qui en sont les octaves ne constituent pas dans le fond, de nouveaux intervalles, ils ne sont regardés tant en harmonie qu'en mélodie, que comme une répétition des primitifs. Chaque intervalle a une forme précise, qu'on ne peut altérer sans le dénaturer, cette précision est connue de ceux qui sont versés dans la théorie de la musique; ces différents intervalles renferment des degrés d'intonation plus forts ou plus faibles, fixés entre les notes susceptibles d'une gamme quelconque.

On a donné à ces degrés le nom de *tons* et de *demi-tons*

Les degrés qui forment le *ton* sont de *do* à *ré*, de *ré* à *mi*, de *fa* à *sol*, de *sol* à *la*, et de *la* à *si*. Ceux qui forment le *demi-ton*, sont de *mi* à *fa*, et de *si* à *do*.

Ces différents degrés additionnés forment une série de deux tons, un demi ton, trois tons et un demi-ton, qui se trouvent compris d'une note à son octave et qu'on appelle *gamme* ou *échelle diatonique*.

EXEMPLE.

____

[1] On appelle monter aller du grave à l'aigu et descendre de l'aigu au grave quand on ne dit point descendre lorsqu'on parle de quelques intervalles on entend toujours monter.

4

Cette gamme de do[1] sert de modèle pour toutes les autres, qui sont du même genre c'est-à-dire majeures, il faut bien remarquer et se rappeler que le premier demi-ton, est de la tierce à la quarte, et le second de la septième à l'octave; il est facile de voir par cet exemple, de combien de tons et de demi-tons, sont composés les divers intervalles que nous avons ci-dessus nommés.

Parmi les tons on en distingue de deux sortes, les majeurs et les mineurs.

Mais comme il n'est pas bien utile de connaître cette différence et qu'elle n'est bonne que pour le calcul, nous passerons.

Le demi-ton se distingue en majeur et mineur.

Le demi-ton majeur est celui qui se fait par deux notes qui ont deux noms différents, et le demi-ton mineur celui qui est formé par la même note, avec le dièze ou le bémol.

ARTICLE II.

DE LA DISTINCTION DES INTERVALLES.

L'intervalle le plus petit appréciable à l'oreille, tant dans l'harmonie que dans la mélodie, s'appelle *demi-ton*, c'est la différence d'intonation qu'on remarque, outre le son produit par une touche blanche du clavier, et celui de la touche noire, la plus voisine, comme de do naturel à do dièze, il sert de point de comparaison à tous les autres; car un intervalle quel qu'il soit, est composé de plus ou moins de demi-tons.

Le ton est formé de deux demi-tons, on exprime par des noms numériques la distance comprise entre les deux sons d'un intervalle; ainsi la différence de deux sons voisins comme, do et ré, s'appelle *seconde*; deux sons séparés par un troisième, comme do et mi, s'appelle *tierce*, ainsi de suite *quarte, quinte, sixte, septième, etc.* selon le nombre des degrés compris entre les deux termes de l'intervalle.

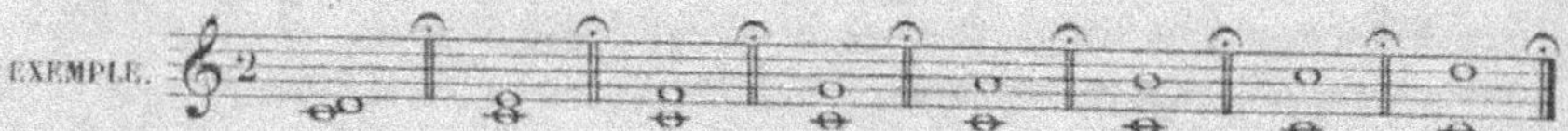

Il faut remarquer, comme nous l'avons dit plus haut, que pour éviter toute équivoque, on est convenu de compter les intervalles en montant, c'est-à-dire, en partant du son le plus grave; sans cette précaution, il serait difficile de résoudre les questions les plus simples, par exemple celle-ci. (Quel intervalle forment entre elles les notes do et sol) Car si *sol* est au-dessous de *do*, il en résultera une quarte; s'il est au-dessus ce sera une quinte.

Pour déterminer les intervalles avec précision, ce n'est point assez de les diviser en *seconde, tierce, quarte, etc.* car chacun de ces intervalles peut se présenter à nous sous plusieurs aspects.

En effet les intervalles de do à ré bémol, de do à ré naturel, de do à ré dièze, sont autant de secondes; cependant il s'en faut bien que l'effet de l'une soit celui de l'autre.

Le nom de la note n'est ici que pour l'esprit; pour l'oreille ré bémol, ré naturel et ré dièze, sont trois sons différents.

Il était donc nécessaire de joindre au nom de l'intervalle un adjectif qui indiquât sa qualité, c'est ce que l'on a fait, en appelant *mineur*, tout intervalle qui se présente dans sa moindre extension que puissent comporter le *ton* et le *mode*;[1] *majeur*, celui qui relativement au ton et au mode, a la plus grande extension possible; *justes*, certains intervalles qui, quel que soit le mode, sont toujours dans le même état, entre certaines notes de la gamme; *diminués* et *augmentés*, ceux qui, par l'effet de quelque signe étranger, sortent momentanément de l'état naturel du ton et du mode.

Le titre de cette Œuvre (harmonie préparatoire) m'oblige à n'indiquer que les intervalles acceptés par l'usage et à supprimer les intervalles rarement employés. Comme par exemple la *tierce augmentée*, la *quarte sur-augmentée*, la *quinte sous-diminuée*, la *sixte diminuée*, etc. Effectivement pendant plus d'un demi siècle de pratique, c'est à peine si j'en ai rencontré deux ou trois; quoique jouant avec ma Flûte, mon Violoncelle, ou mon Piano, la musique militaire, la musique théâtrale, la musique religieuse, la musique de chambre et tous les auteurs classiques.

Ces exemples expliquent ce que nous avons dit précédemment; en effet, la tierce mineure résulte naturellement du ton de do, mode mineur, dans lequel trois bémols sont à la clef, dans l'ordre suivant; La tierce majeure est la conséquence du ton de do, mode majeur, dans lequel il n'y a ni dièze ni bémol à la clef. Mais la tierce augmentée n'est conforme à la constitution d'aucun ton, car il n'en est point où le *mi* soit accompagné d'un dièze, tandis que le *do* est naturel, ce n'est que par des altérations momentanées, que de pareils intervalles sont admis dans l'harmonie.

Quant à la quarte, à la quinte et à l'octave, elles sont naturellement justes entre toutes les notes d'un ton majeur excepté entre la quatrième et la septième, qui donnent une quarte majeure et une quinte mineure.

H.

---

(1) Nous expliquerons bientôt la signification de ces deux mots.

Leur dénomination, leur distinction et le nombre des tons et des demi-tons qui les composent.

NOM DES INTERVALLES.	INTERVALLES.	DISTINCTION DES INTERVALLES.	NOMBRE DE TONS ET DEMI-TONS QUI LES COMPOSENT.
Seconde.	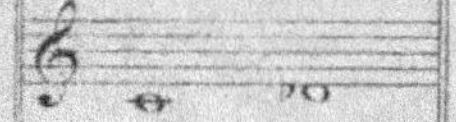	Mineure.	Un demi-ton majeur.
Seconde.	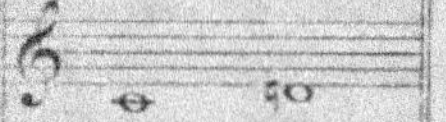	Majeure.	Un ton.
Seconde.	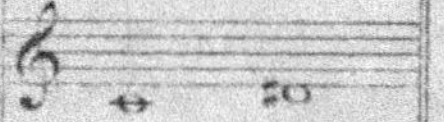	Augmentée.	Un ton et un demi-ton mineur.
Tierce.	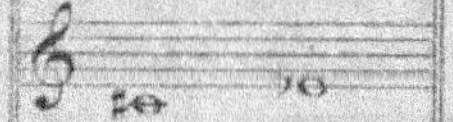	Diminuée.	Deux demi-tons majeurs.
Tierce.	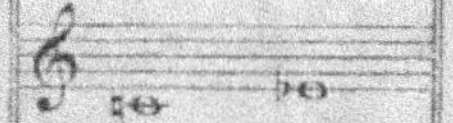	Mineure.	Un ton et un demi-ton majeur.
Tierce.	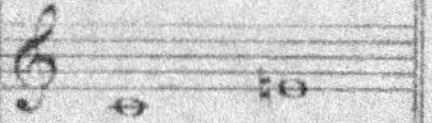	Majeure.	Deux tons.
Quarte.	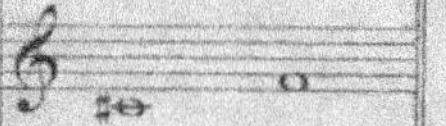	Diminuée.	Un ton et deux demi-tons majeurs.
Quarte.	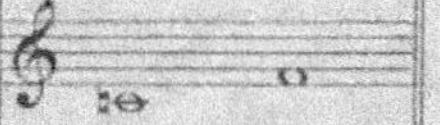	Juste.	Deux tons et un demi-ton majeur.
Quarte.	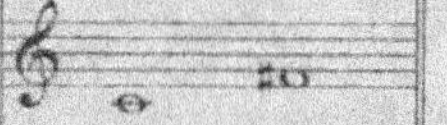	Augmentée.	Trois tons.
Quinte.	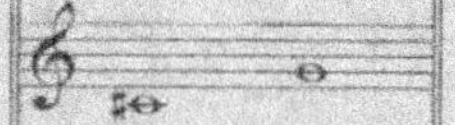	Diminuée.	Deux tons et deux demi-tons majeurs.
Quinte.	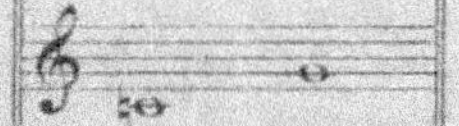	Juste.	Trois tons et un demi-ton majeur.
Quinte.	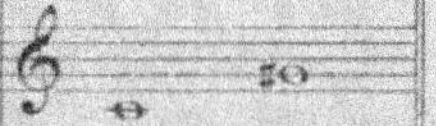	Augmentée.	Quatre tons.
Sixte.	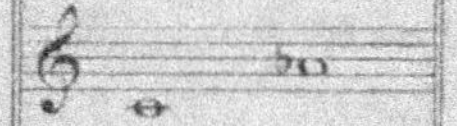	Mineure.	Trois tons et deux demi-tons majeurs.
Sixte.	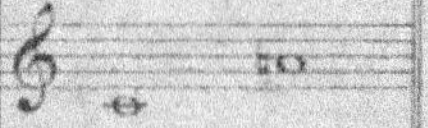	Majeure.	Quatre tons et un demi-ton majeur.
Sixte.	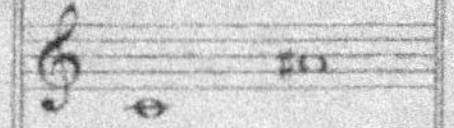	Augmentée.	Cinq tons.
Septième.	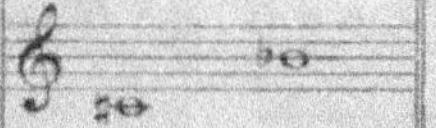	Diminuée.	Trois tons et trois demi-tons majeurs.
Septième.	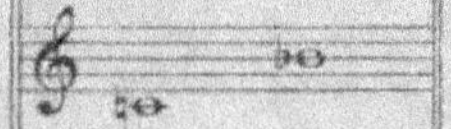	Mineure.	Quatre tons et deux demi-tons majeurs.

TABLEAU DES INTERVALLES.

NOM DES INTERVALLES	INTERVALLES.	DISTINCTION DES INTERVALLES.	NOMBRE DE TONS ET DEMI-TONS QUI LES COMPOSENT
Septième.		Majeure.	Cinq tons, et un demi - ton majeur.
Octave.		Juste.	Cinq tons, et deux demi -tons majeurs.
Neuvième.		Mineure.	Cinq tons, et trois demi - tons majeurs.
Neuvième.		Majeure.	Six tons, et deux demi - tons majeurs.
Neuvième.		Augmentée.	Six tons deux demi - tons majeurs et un demi - ton mineur.
Dixième.		Diminuée.	Cinq tons, et quatre demi - tons majeurs
Dixième.		Mineure.	Six tons, et trois demi - tons majeurs.
Dixième.		Majeure.	Sept tons, et deux demi - tons majeurs.
Onzième.		Diminuée.	Six tons, et quatre demi - tons majeurs.
Onzième.		Juste.	Sept tons, et trois demi - tons majeurs.
Onzième.		Augmentée.	Huit tons, et deux demi - tons majeurs.
Douzième.		Diminuée.	Sept tons, et quatre demi - tons majeurs.
Douzième.		Juste.	Huit tons, et trois demi - tons majeurs.
Douzième.		Augmentée.	Neuf tons, et deux demi - tons majeurs.
Treizième.		Mineure.	Huit tons, et quatre demi - tons majeurs.
Treizième.		Majeure.	Neuf tons, et trois demi - tons majeurs.
Dix - Septième.		Majeure.	Douze tons, et quatre demi - tons majeurs.

FIN DU TABLEAU.

ARTICLE III.

DU RENVERSEMENT DES INTERVALLES.

Si l'on veut connaître l'intervalle formé par deux notes données, on ne tarde point à s'apercevoir qu'elles ne peuvent être dans une position ou supérieure ou inférieure à l'égard l'une de l'autre, et que de la différence de position naissent deux intervalles différents, soit par exemple, do naturel et mi naturel. Si do est la note inférieure, mi formera contre elle une tierce majeure, si au contraire mi est la note inférieure, do sera à la distance d'une sixte mineure.

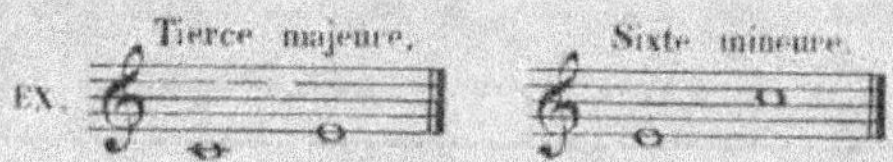

Cette facultée de mutation dans la position respective des notes s'appelle renversement des intervalles.

Une *tierce* renversée produit une *sixte*, une *quarte* renversée produit une *quinte*, une *quinte* produit une *quarte*, une *sixte* produit une *tierce*. De la *seconde* renversée naît la *septième*, et de la *septième* naît la *seconde*.

Il faut remarquer que du renversement des intervalles majeurs naissent des mineurs, que des mineurs naissent des majeurs; des diminués naissent des augmentés.

N. B. A l'article intitulé *observation sur les intervalles*; nous ferons une petite remarque sur les intervalles augmentés et diminués. (Les intervalles qui sont justes dans leur origine restent justes dans leur renversement.

ARTICLE IV.

DU CHANGEMENT DES INTERVALLES PAR LE MOYEN DU RENVERSEMENT.

La seconde mineure qui est composée d'un demi-ton majeur, comme do et ré bémol, produit dans son renversement la septième majeure qui est composée de cinq tons et d'un demi-ton majeur, comme ré bémol et do naturel.

La seconde majeure qui est composée d'un ton comme do naturel et ré naturel produit dans son renversement la septième mineure qui est composée de quatre tons et de deux demi-tons majeurs comme ré naturel et do naturel.

La seconde augmentée, qui est composée d'un ton, et d'un demi-ton mineur, comme do naturel et ré dièze, produit dans son renversement la septième diminuée qui est composée de trois tons et de trois demi-tons majeurs, comme ré dièze et do naturel.

La tierce diminuée qui est composée de deux demi-tons majeurs, comme do dièze et mi bémol, produit dans son renversement la sixte augmentée qui est composée de cinq tons comme mi bémol et do dièze.

La tierce mineure qui est composée d'un ton et d'un demi-ton majeur, comme do naturel et mi bémol, produit dans son renversement, la sixte majeure qui est composée de quatre tons et d'un demi-ton majeur, comme mi bémol et do naturel.

La tierce majeure qui est composée de deux tons comme do naturel et mi naturel, produit dans son renversement, la sixte mineure qui est composée de trois tons et de deux demi-tons majeurs, comme mi naturel et do naturel.

La quarte diminuée qui est composée d'un ton et de deux demi-tons majeurs comme do dièze et fa naturel, produit dans son renversement, la quinte augmentée qui est composée de quatre tons comme fa naturel et do dièze.

La quarte juste qui est composée de deux tons et d'un demi-ton majeur comme do naturel et fa naturel, produit dans son renversement, la quinte juste qui est composée de trois tons et d'un demi-ton majeur comme fa naturel et do naturel.

La quarte augmentée qui est composée de trois tons comme do naturel et fa dièze produit dans son renversement, la quinte diminuée qui est composée de deux tons et de deux demi-tons majeurs, comme fa dièze et do naturel.

La quinte diminuée qui est composée de deux tons et de deux demi-tons majeurs, comme do dièze et sol naturel, produit dans son renversement, la quarte augmentée qui est composée de trois tons, comme sol naturel et do dièze.

La quinte juste qui est composée de trois tons et d'un demi-ton majeur comme do naturel et sol naturel, produit dans son renversement la quarte juste qui est composée de deux tons et d'un demi-ton majeur comme sol naturel et do naturel.

La quinte augmentée, qui est composée de quatre tons comme do naturel et sol dièze, produit dans son renversement, la quarte diminuée qui est composée d'un ton et de deux demi-tons majeurs comme sol dièze et do naturel.

La sixte mineure qui est composée de trois tons et de deux demi-tons majeurs, comme do dièze et la naturel, produit dans son renversement, la tierce majeure, qui est composée de deux tons, comme la naturel et do dièze.

La sixte majeure qui est composée de quatre tons et d'un demi-ton majeur, comme do naturel et la naturel, produit dans son renversement la tierce mineure, qui est composée d'un ton et d'un demi-ton majeur, comme la naturel et do naturel.

La sixte augmentée qui est composée de cinq tons comme do naturel et la dièze, produit dans son renversement, la tierce diminuée qui est composée de deux demi-tons majeurs, comme la dièze et do bécarre.

La septième diminuée qui est composée de trois tons et de trois demi-tons majeurs, comme do dièze et si bémol, produit dans son renversement, la seconde augmentée, qui est composée d'un ton et d'un demi-ton mineur, comme si bémol et do dièze.

La septième mineure qui est composée de quatre tons et deux demi-tons majeurs, comme do naturel et si bémol, produit dans son renversement, la seconde majeure, qui est composée d'un ton comme si bémol et do naturel.

La septième majeure qui est composée de cinq tons et d'un demi-ton majeur, comme do naturel et si naturel, produit dans son renversement la seconde mineure qui est composée d'un demi-ton majeur, comme si naturel et do naturel,

ARTICLE V.

DE LA CLASSIFICATION DES INTERVALLES.

Tous les intervalles ne plaisent pas à l'oreille de la même manière, quelques-uns sont agréables par eux-mêmes, d'autres le sont moins; d'autres enfin, pris isolément, affectent désagréablement l'ouïe et ne deviennent tolérables, que par leur enchaînement, avec les plus flatteurs.

Les intervalles agréables se désignent par le nom de *consonnances*, les autres par celui de *dissonances*.

Les intervalles consonnants sont la *tierce*, la *quinte*, la *sixte* et l'octave.

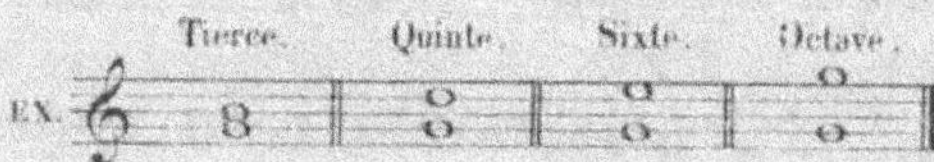

N. B. La quarte étant un renversement de quinte devrait être considérée comme consonnance, mais son effet étant beaucoup moins agréable que celui de la quinte, elle est regardée comme dissonance contre la basse, et comme consonnance entre les parties intermédiaires ou supérieures, néanmoins la quarte est employée comme consonnance dans le deuxième renversement de l'accord parfait, aussi ce renversement est-il le moins agréable et le seul dont on ne puisse former une succession.

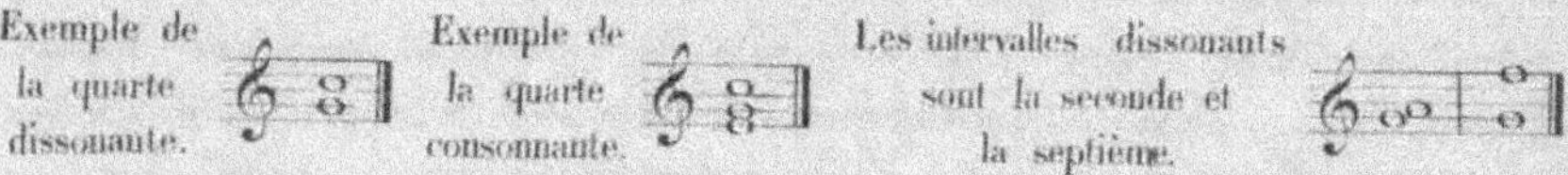

Les consonnances sont divisées en consonnances parfaites et imparfaites; les consonnances parfaites sont, la quinte, et l'octave On les nomme parfaites, parce qu'elles ne peuvent être altérées sans cesser d'être consonnantes. La quinte ne pouvant être diminuée ni augmentée sans cesser d'être consonnante, ces deux intervalles doivent être regardés comme dissonants.

Les consonnances imparfaites sont la tierce et la sixte, on les nomme imparfaites, parce qu'elles peuvent être majeures ou mineures sans cesser d'être consonnantes.

La tierce et la sixte n'étant consonnantes que lorsqu'elles sont majeures et mineures, on doit regarder la tierce diminuée et la sixte augmentée, comme un intervalle dissonnant.

Avant d'entrer en matière sur la marche des consonnances, nous allons faire l'observation suivante.

OBSERVATION. Il est vraiment étonnant que jusqu'à présent, on ait employé le mot *mouvement* de deux manières bien différentes, sans chercher à lui assigner une acception convenable et vraie, tantôt on emploie ce mot pour exprimer le degré de vitesse ou de lenteur d'un morceau de musique; dans ce cas, beaucoup de personnes le confondent encore avec le mot *mesure*; tantôt on l'emploie pour indiquer la marche mélodieuse qu'observent deux parties entre elles.

Mouvement direct, mouvement oblique, mouvement contraire.

Mais dans l'ordre de la musique, nul terme technique, ne doit avoir un double sens, ou un double emploi; conséquemment, si nous employons le mot mouvement dans la désignation du degré de vitesse, ou de lenteur d'un morceau de musique, nous avons tort d'employer ce même mot pour caractériser la marche qu'observent dans la composition les parties entre elles; nous proposons donc de n'employer le mot mouvement que relativement au degré de lenteur ou de vitesse d'un morceau, *mouvement d'allegro, mouvement de menuet, mouvement de polonaise*, etc.

Quant à la composition des parties, nous pensons que l'on peut substituer au mot mouvement, le mot **marche** et dire: la marche directe, la marche oblique, et la marche contraire. (quelques auteurs ont voulu introduire une marche parallèle quand les deux parties restent à la fois sur le même degré pendant quelques mesures, mais cette innovation ne mérite aucune attention) Pour garantir des fautes de composition qui résultent d'une marche vicieuse des parties, il n'y a pas d'autre moyen que de bien connaître et employer les trois mouvements savoir 1° le mouvement semblable, 2° le mouvement oblique, 3° le mouvement contraire.

Le mouvement droit ou semblable est celui que font deux parties qui montent ou descendent en même temps.

Exemple du mouvement semblable.

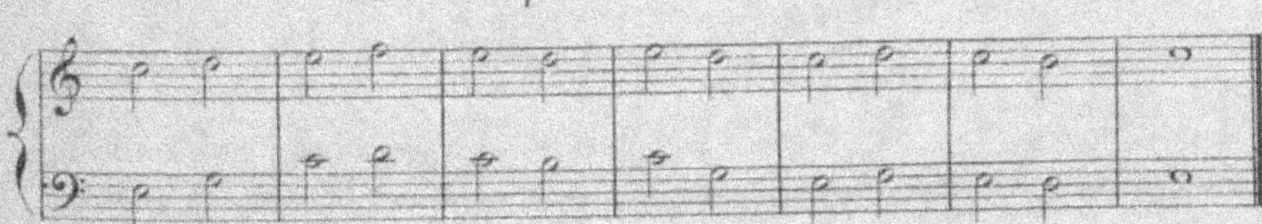

Autre exemple du même mouvement.

Le mouvement oblique à lieu lorsqu'une partie reste au même degré tandis que l'autre monte ou descend.

Exemple du mouvement oblique.

Autre exemple.

Le mouvement contraire, est celui que font deux parties dont une monte pendant que l'autre descend.

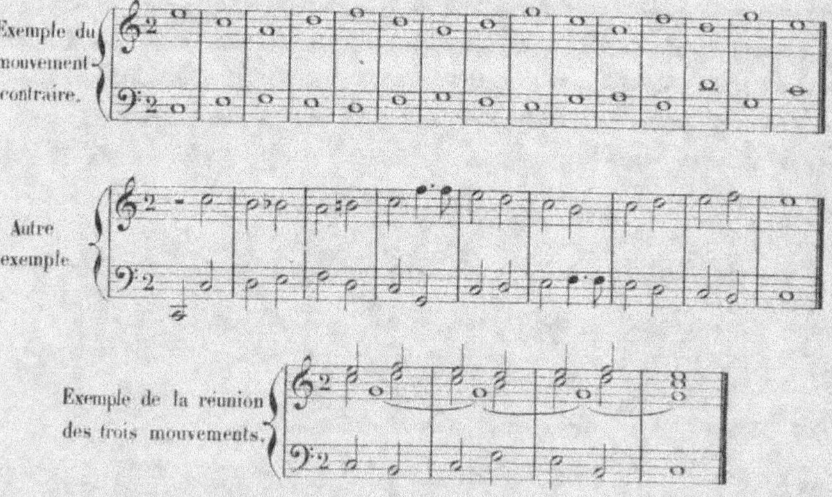

Exemple du mouvement contraire.

Autre exemple

Exemple de la réunion des trois mouvements.

Il faut remarquer que dans l'exemple précédent, les deux premières parties, font mouvement semblable entre elles, mouvement oblique avec la troisième, et mouvement contraire avec la quatrième.

ARTICLE VI.

DES PROHIBITIONS OU DES FAUTES À ÉVITER.

La sensation des intervalles est isolée, vague et fugitive; mais leur succession bien ordonnée procure une sorte de plaisir qui devient plus vif à mesure que l'oreille est plus exercée. Il suit de là qu'une succession vicieuse produit une sensation pénible et même douloureuse à l'ouïe. Examinons les causes de ces effets.

Le passage d'une consonnance à une autre est généralement agréable, mais il est à cela trois exceptions savoir: la succession de deux quartes, de deux quintes et de deux octaves consécutives; en voici la raison: on sait que la quarte est consonnance faible et d'un effet vague; multiplier la sensation de cet intervalle, ce n'est donc qu'affaiblir l'idée d'une bonne harmonie. Pour cette raison on s'en abstient. EX.

NOTA. Cette règle se rapporte à ce que nous avons déjà dit, que la quarte est dissonante entre la basse et non entre les parties intermédiaires.

Tous les musiciens savent qu'il est interdit de faire en harmonie deux quintes, ou deux octaves de suite, par mouvement semblable, entre les deux mêmes parties; plusieurs musiciens croient qu'on les défend, par ce qu'elles produisent un mauvais effet; d'autres, par ce qu'elles ne produisent point d'effet, mais la meilleure raison, est que deux quintes de suite font pressentir deux tons différents et détruisent l'idée du ton véritable.

Les deux quintes en descendant, quand la première est juste, et la seconde mineure comme SOL et FA sont permises, mais elles sont défendues en montant, comme FA et SOL UT SI SI UT parce que la quinte diminuée étant une dissonance elle doit descendre.

Le saut de tierce ne sauve pas la faute des deux octaves.

Les soupirs ne sauvent pas non plus la faute.

On défend à deux et à trois parties, tant en montant, qu'en descendant, les relations de quinte augmentée, de quinte diminuée, d'octave augmentée et diminuée, cela s'appelle une fausse relation. On entend par fausse relation, la marche que fait une partie à un intervalle de quinte ou d'octave augmentée ou d'octave diminuée comparée à une autre partie qui marche par le même mouvement. Par exemple, si une basse chante en montant de tierce *fa* et *la* naturel et que la partie supérieure chante la note *la* sur le *fa* de la basse et *ut* dièze sur le *la*; cet *ut* dièze fait ce que l'on nomme *relation de quinte augmentée* relativement au *fa* de la basse qui la précède; cette même définition sera pour les octaves augmentées et diminuées. Voyez les exemples suivants.

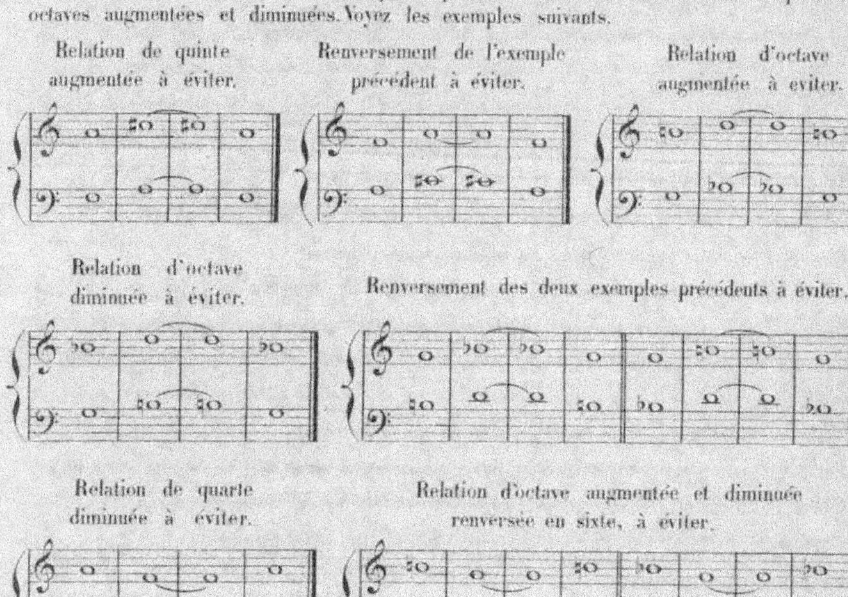

Il est également défendu de faire par mouvement semblable, deux tierces majeures de suite, entre les deux mêmes parties, soit en montant soit en descendant; cette défense est sagement prescrite, puisqu'elle nous fait éviter l'effet très dur de la relation du triton.

Cette règle n'a lieu que dans un mouvement lent, car dans un mouvement vif, l'oreille n'ayant pas le temps d'apprécier cette dureté, on peut les employer sans scrupule. le passage de la tierce majeure, à la quinte est également défendu à cause de la même relation du triton.

NOTA. Cette règle n'est relative qu'aux compositions à deux parties, les compositions à trois et à quatre parties n'y sont point assujetties.

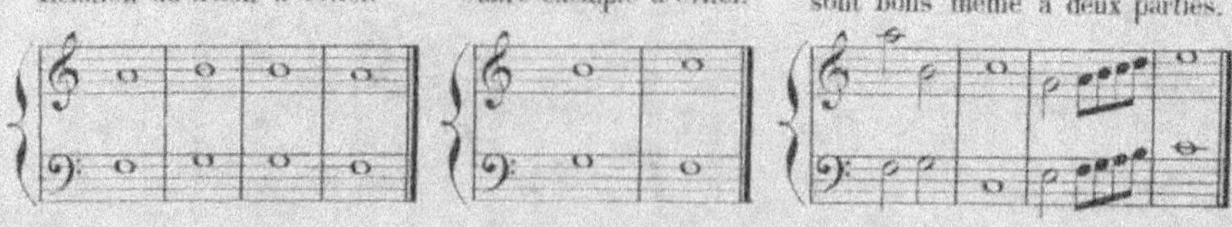

ARTICLE VII.

DES NOTES PERMISES QUOIQUE DISSONANTES
OU ÉTRANGÈRES À L'HARMONIE.

Les anciens auteurs pour donner à leur musique des dissonances, introduisirent soit à la basse, soit aux parties supérieures, des notes étrangères à l'harmonie, mais ils les astreignirent à deux règles principales.

La première, de marcher par intervalles conjoints, soit ascendants soit descendants, comme *do ré mi, mi ré do;* Et la seconde, de n'être entendue que dans les temps faibles de la mesure. La première règle est de rigueur, quant à la seconde on se permet de l'enfreindre, en mettant quelquefois la note dissonante au temps fort, et la note consonnante au temps faible.

Il est aussi permis de passer de suite deux notes étrangères à l'harmonie dans un trait composé de quatre notes, dans ce cas, il faut avoir soin que la première et la quatrième note soient bonnes, c'est-à-dire qu'elles appartiennent à l'harmonie du trait, et quant aux deux autres, elles peuvent être ou fausses ou étrangères à cette même harmonie.

Pour ne rien laisser de vague dans cet article, je vais expliquer dans les différentes mesures à deux ou à quatre temps, toutes les notes impaires sont regardées comme temps forts et toutes les notes paires comme temps faibles. Ainsi sur quatre notes, ou quatre croches, ou quatre doubles croches, la première et la troisième sont temps forts, il faut qu'elles appartiennent à l'harmonie existante; quant à la deuxième et à la quatrième note, elles peuvent être dissonantes ou étrangères à l'harmonique, étant regardées comme temps faibles; on observera la même règle dans la mesure à trois temps. Ainsi sur trois ou six croches, ou douze doubles croches, les notes impaires sont temps forts, et les paires sont regardées comme temps faibles. Dans le cas d'une combinaison de trois notes pour deux, dans les mesures binaires ou ternaires, la même règle sera observée. Les deux notes impaires doivent être bonnes, et la note paire peut être fausse.

Quant aux mesures $\frac{12}{8}$ $\frac{6}{8}$ et $\frac{3}{8}$ elles suivront la même règle, que les notes soient combinées par trois ou par six.

Dans la simple combinaison d'une noire et une croche par temps, ou d'une croche et une noire, chaque note demande son harmonie naturelle.

Nous marquerons dans les exemples suivants, les notes étrangères, par des doubles queues.

Ces exemples
sont bons à
quatre temps.

Exemple des notes fausses dans le temps fort.
Le même plus exact.
Exemple d'une Gamme entière sur la même basse.
Exemple à trois temps. Ces exemples sont bons à 3/8, en diminuant les valeurs de moitié.
Exemple avec des croches.
Exemple en doubles croches.
Exemple à 6/8 bons à 12/8, en doublant la mesure.
Exemple avec des doubles croches.
Exemple des noires et croches toutes en harmonie.
La permutation des brèves et longues, au lieu de longues et brèves que nous venons de voir, appartient plutôt à la mesure 3/8 qu'à celle de 6/8, voyez l'exemple suivant.
Ces exemples sont bons à deux temps.

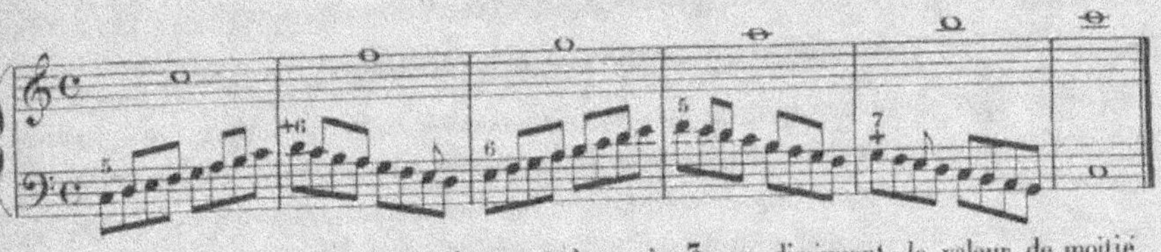

Exemple à trois temps. Ces exemples sont bons à $\frac{3}{8}$ en diminuant la valeur de moitié.

Exemple à $\frac{6}{8}$ bon à $\frac{12}{8}$ en doublant la mesure.

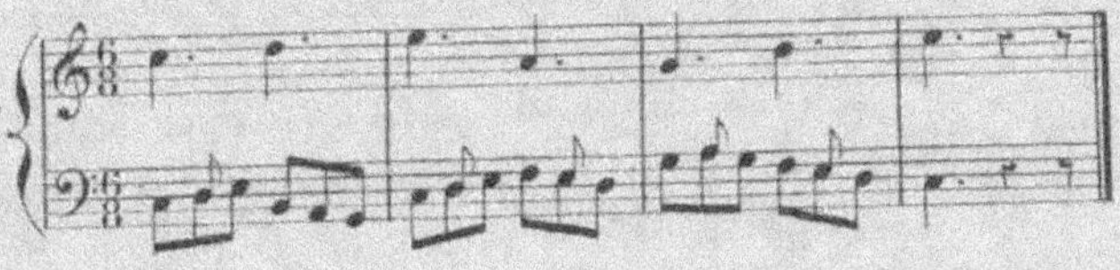

L'exemple suivant est praticable en vitesse.

Combinaison de trois notes pour deux. Cet exemple peut servir aux mesures $\frac{2}{4}$ $\frac{6}{8}$ $\frac{12}{8}$.

Exemples de notes fausses permises quoique ne marchant pas par intervalles conjoints.

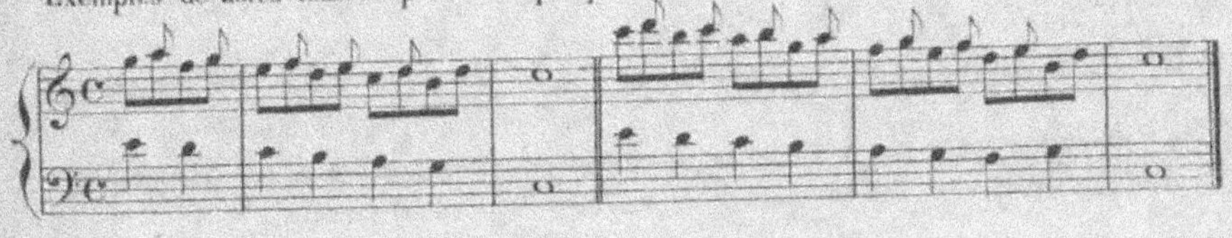

ARTICLE VIII.

THÉORIE GÉNÉRALE DES ACCORDS.

Il n'existe en harmonie qu'un seul accord qui contient tous les autres. Cet accord est formé des premiers produits des corps sonores, ou des premières divisions du monocorde.

Une corde tendue donne dans sa totalité un son, que nous nommerons *sol*, sa moitié donne un *sol* à l'octave du premier, son tiers donne un *ré* à la 12me, son quart donnera le *sol* à la double octave, son 5me donne un *si*, à la 17me, son 6me donne un *ré*, octave du tiers, son 7me donne un *fa*, à la 21me, son 8me donne un *sol*, à la triple octave, son 9me donne un *la* à la 23me.

EXEMPLE

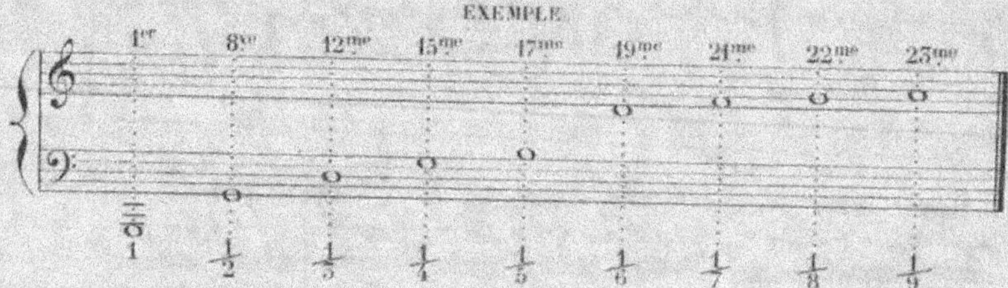

Ainsi, en partant du quart de la corde ou de la double octave du premier son, on trouve en progression de tierce *sol, si, ré, fa, la*.

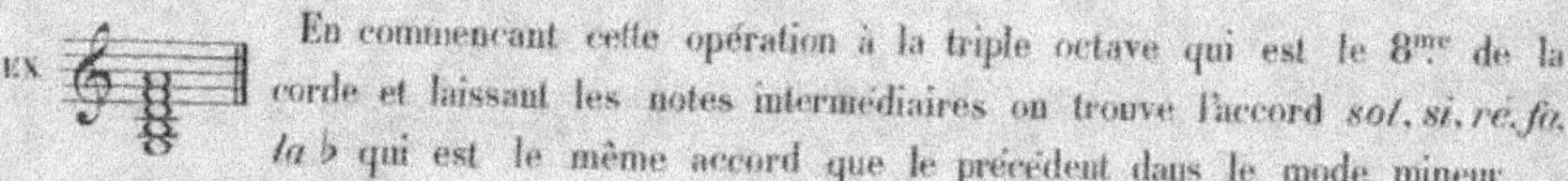

EX. En commençant cette opération à la triple octave qui est le 8me de la corde et laissant les notes intermédiaires on trouve l'accord *sol, si, ré, fa, la* b qui est le même accord que le précédent dans le mode mineur.

EX. 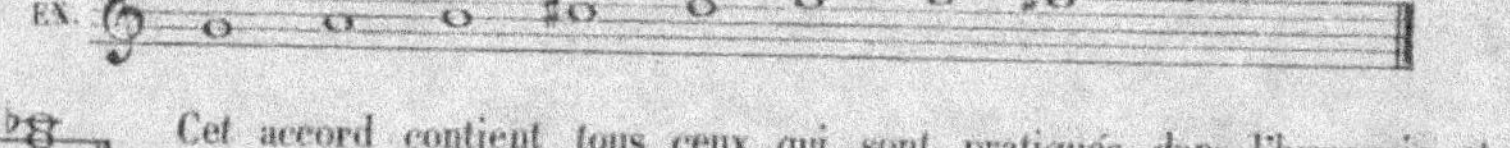

Cet accord contient tous ceux qui sont pratiqués dans l'harmonie et que l'on peut par conséquent frapper sans préparation savoir:

l'accord parfait majeur.

l'accord parfait mineur.

l'accord de quinte mineure.

l'accord de 7me dominante.

l'accord de 7me sensible.

l'accord de 7me diminuée.

l'accord de 9me majeure dominante.

l'accord de 9me mineure dominante.

Ces accords et leurs renversements sont les seuls qu'on puisse faire sans aucune préparation, ils forment ce que l'on nomme dans l'école moderne l'harmonie *simple* ou *naturelle*.

Les autres accords introduits dans l'harmonie, se forment par la prolongation d'une, ou plusieurs notes d'un accord sur l'accord suivant, ils forment ce que l'on appelle harmonie *composée ou artificielle*.

Si de l'accord parfait, *ut, mi, sol*, on passe à l'accord parfait *fa, la, ut* l'harmonie est simple, mais, si sur le second accord on prolonge la tierce du premier, cette prolongation fera une dissonance de septième sur l'accord, si sur le second accord on prolonge la quinte du premier, cette prolongation formera une dissonance de neuvième sur l'accord parfait.

ARTICLE IX.

DES ACCORDS CONSONNANTS.

Un accord composé d'une note basse de la tierce, et de la quinte, s'appelle *accord parfait*, parce que c'est le seul qui donne le sentiment du repos.

Il se fait sur la tonique, le quatrième degré, la dominante, et le sixième degré c'est-à-dire que la tonique, le quatrième degré, la dominante, et le sixième degré peuvent être les notes de basse de cet accord, et cela est fondé sur ce que l'oreille s'accoutume à l'idée du repos sur ces notes.

L'accord parfait se chiffre par un 3, par un 5 ou par un 8, toutes les fois qu'une note de basse n'est pas chiffrée, elle est sensée portée accord parfait.

NOTA. Dans une suite d'accords parfaits, on peut les chiffrer par un 3, par un 5 ou par un 8, mais lorsqu'on y mêle des dissonnances, il vaut beaucoup mieux chiffrer l'accord parfait par un 3, lorsque la résolution de la dissonnance se fait sur la tierce, par un 5, lorsque la résolution de la dissonnance se fait sur la quinte, et par un 8 lorsque la résolution de la dissonnance se fait sur l'octave.

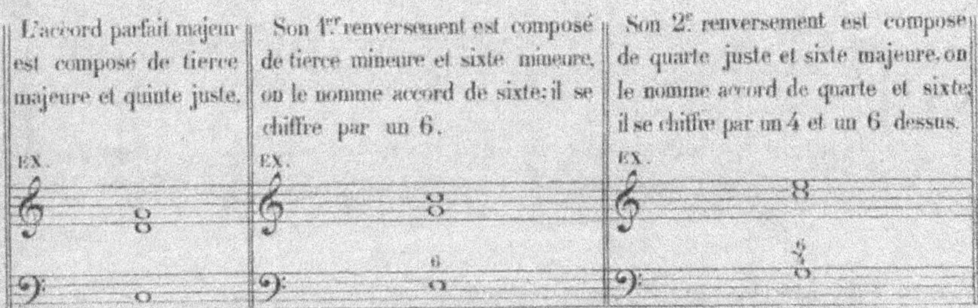

L'accord parfait majeur est composé de tierce majeure et quinte juste.	Son 1.er renversement est composé de tierce mineure et sixte mineure, on le nomme accord de sixte; il se chiffre par un 6.	Son 2.e renversement est composé de quarte juste et sixte majeure, on le nomme accord de quarte et sixte il se chiffre par un 4 et un 6 dessus.

Dans le mode majeur, l'accord parfait majeur, se pose sur la tonique, sur la sous-dominante et sur la dominante.

Dans le mode mineur, l'accord parfait mineur, se pose sur la dominante et la sixième note.

Accord parfait mineur.

L'accord parfait mineur est composé de tierce mineure et quinte juste.	Son 1.er renversement est composé de tierce majeure et sixte mineure.	Son 2.e renversement est composé de quarte juste et sixte mineure.

On chiffre cet accord, et ses dérivés, comme le majeur, en indiquant aux chiffres les altérations qui ne seraient pas à la clef.

Dans le mode mineur, l'accord parfait mineur se pose sur la tonique et sur la quatrième note.

Dans le mode majeur, l'accord parfait majeur se pose sur la deuxième, la troisième et la sixième note.

Leçons sur les accords parfaits.

N.º 1.

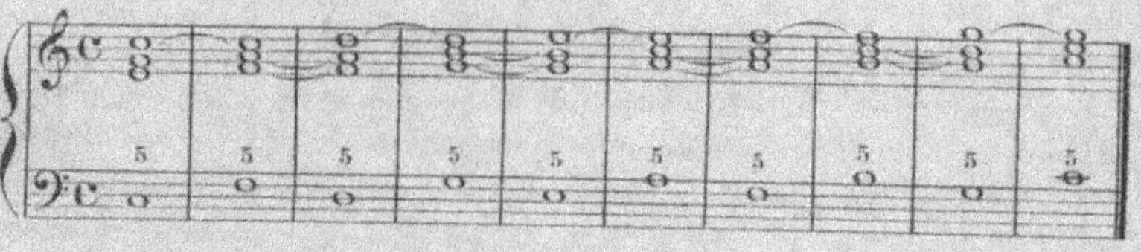

N.º 2.

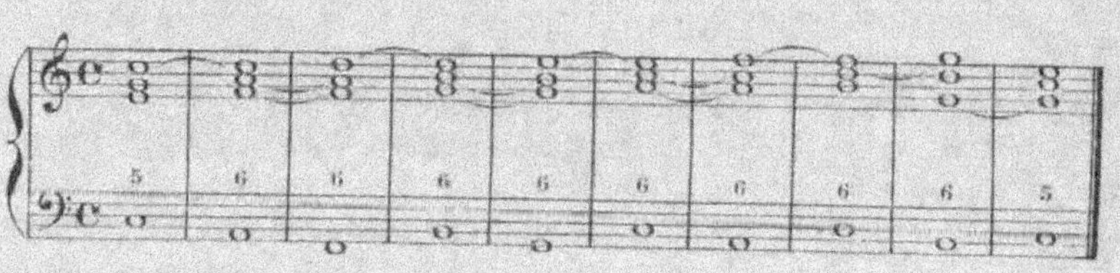

N.º 3.

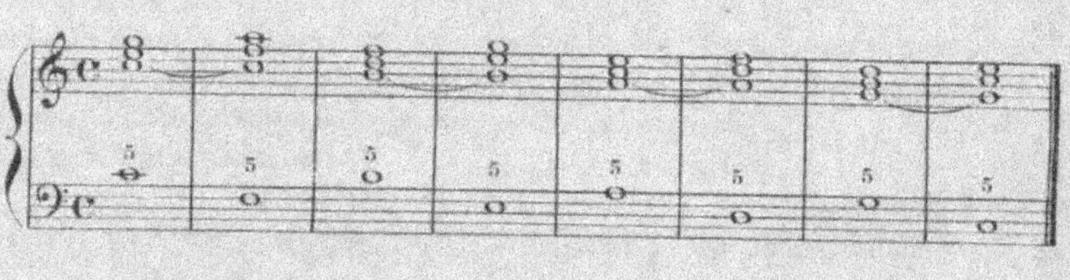

N.º 4.

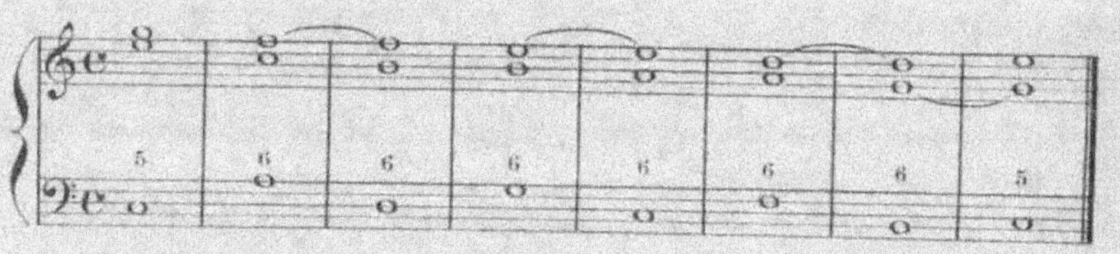

N.º 5.

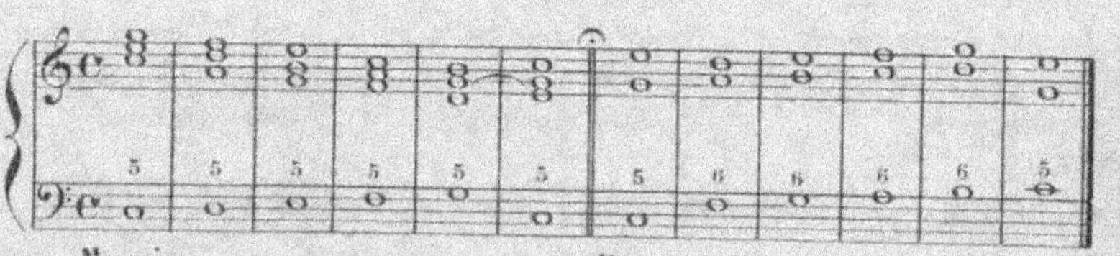

N.º 6.

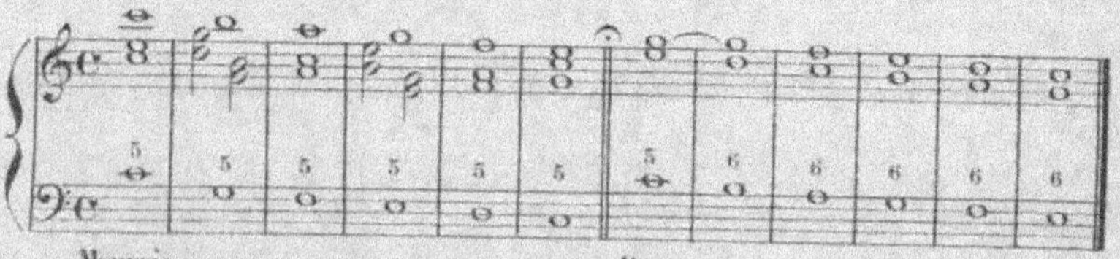

Nº 7.
Nº 8.
Nº 9.

N.º 10.
N.º 11.
N.º 12.
N.º 13.
N.º 14.

N.º 15.
N.º 16.
N.º 17.
N.º 18.
N.º 19.
N.º 20.

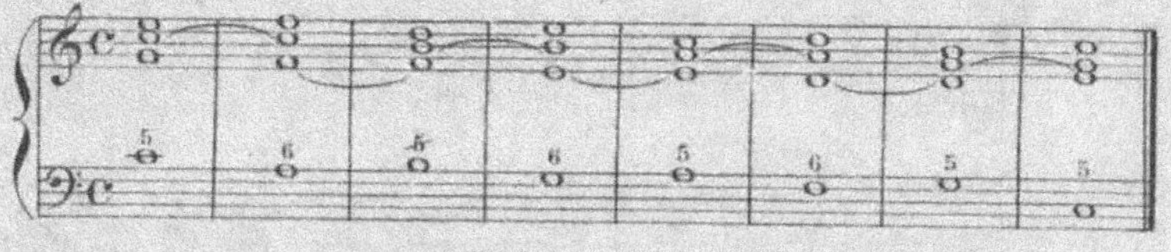

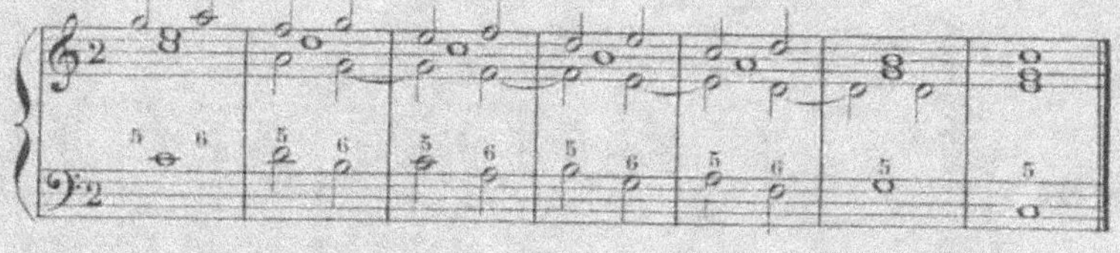

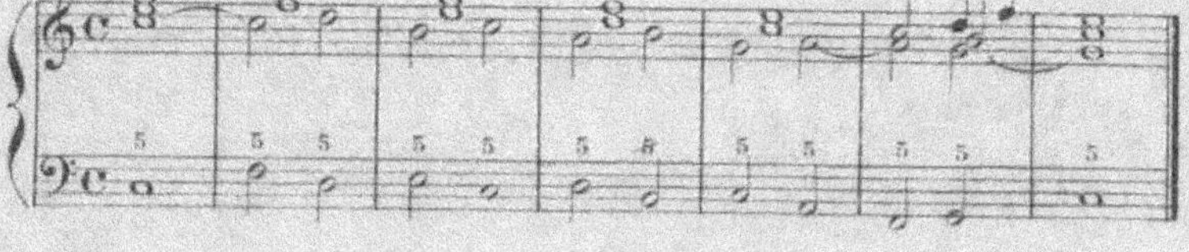

N° 21.
N° 22.
N° 23.
N° 24.
N° 25.
N° 26.
N° 27.

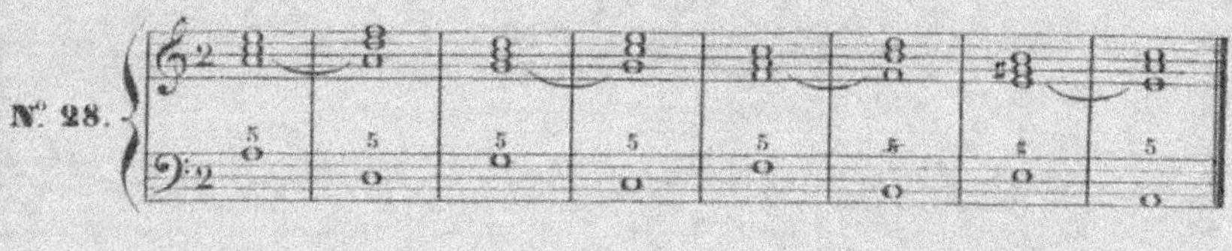

À SEPT PARTIES.

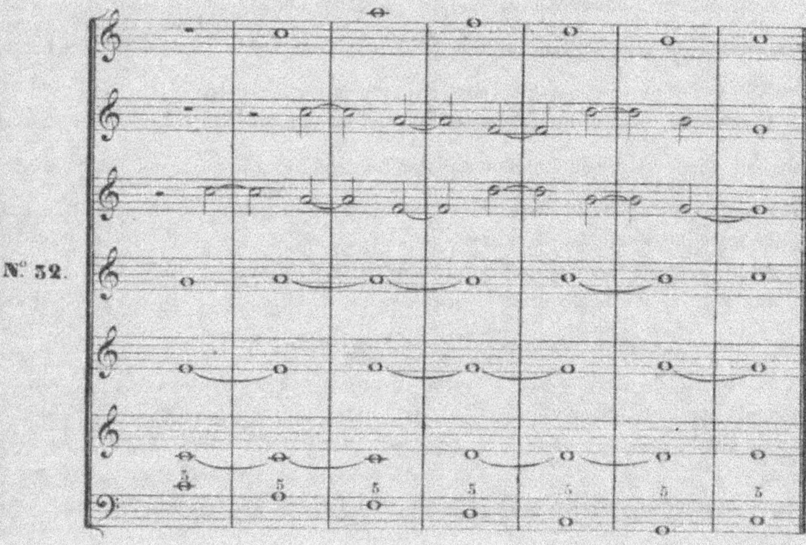

ARTICLE X.

DE LA SEPTIÈME DOMINANTE.

(OU SEPTIÈME DE PREMIÈRE ESPÈCE)

Cet accord le plus doux des accords dissonants *après l'accord diminué* joue le rôle le plus important, car il décide le ton d'une manière positive, et il n'a pas besoin de préparation.

L'accord de septième dominante est composé de tierce majeure, de quinte juste et de septième mineure. Il se pose sur la cinquième note, dominante des deux modes, ce qui l'a fait appeler septième dominante, et se chiffre par 7.

Sa marche naturelle
se fait de cette manière.

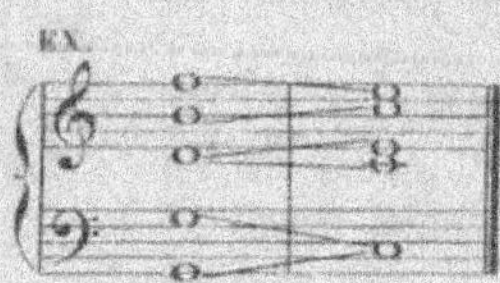

La septième *(le fa)* descend d'un degré parce qu'elle est dissonante.

La quinte *(le ré)* monte ou descend d'un degré.

La tierce *(le si)* monte d'un degré parce qu'elle est note sensible.

La note fondamentale *(le sol)* monte d'une quarte, ou descend d'une quinte: dans une partie haute, elle reste sur le même degré comme note commune aux deux accords.

Le premier renversement de l'accord de septième dominante est composé de tierce mineure, quinte diminuée et sixte mineure, on le chiffre par $\frac{6}{5}$ on le nomme accord de quinte diminuée et sixte. Il se pose sur la septième note ou note sensible.

Le deuxième renversement de l'accord de septième dominante est composé de tierce mineure, quarte juste et sixte majeure, on le chiffre par +6 ou $\overset{+6}{4}$ on le nomme accord de sixte sensible. Il se pose sur la deuxième note.

Le troisième renversement de l'accord de septième dominante est composé de seconde majeure, quarte augmentée et sixte majeure, on le chiffre par $\overset{+}{2}$ ou +4 on le nomme accord de triton, à cause de la quarte augmentée, composée de trois tons, qui se trouve entre la basse *(fa)* et la tierce *(si)*.

La + employée dans le chiffrage, indique la note sensible.

On peut aussi remplacer la + par un ♯, ou un ♮, lorsque la tierce de l'accord peut recevoir ce signe.

On ne double ni ne retranche ordinairement la *tierce (si)* et la *septième (fa)*, sauf quelques rares exceptions.

La note fondamentale *(sol)* et la quinte *(ré)* peuvent au contraire être retranchées ou doublées. La partie supérieure reçoit toutes les notes de l'accord, excepté celle qui se trouve dans la basse. A quatre parties, on peut admettre l'octave de la basse, mais rarement.

La partie supérieure du deuxième renversement de la note de basse, exige trois notes en mouvement contraire.

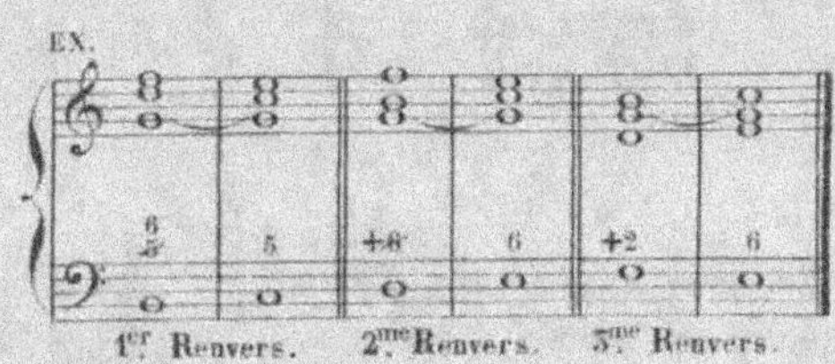

Les renversements de l'accord de septième dominante suivent les mêmes règles pour la résolution naturelle des notes de cet accord.

Il ne faut pas oublier de préparer la quarte; mais si cette préparation ne pouvait se faire, il faudrait supprimer la note fondamentale de l'accord et doubler le *ré* ou le *fa*.

La septième est doublée dans cet exemple et l'on peut faire monter le *fa* d'en bas sans aucun inconvénient.

La quinte est doublée dans ces deux exemples.

On peut aussi faire monter le *fa* dans les exemples suivants.

Excepté les cadences rompues, les exemples ci-dessus sont bons par l'absence de la note fondamentale *sol*.

A trois parties on peut supprimer toutes les notes de la septième dominante, sauf la septième.

Le mot *Résolution* signifie passage d'un accord dissonant à l'accord qui le suit immédiatement.

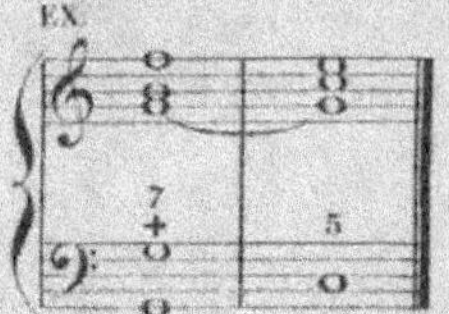

Résolution à la quarte supérieure ou à la quinte inférieure. C'est la plus naturelle.

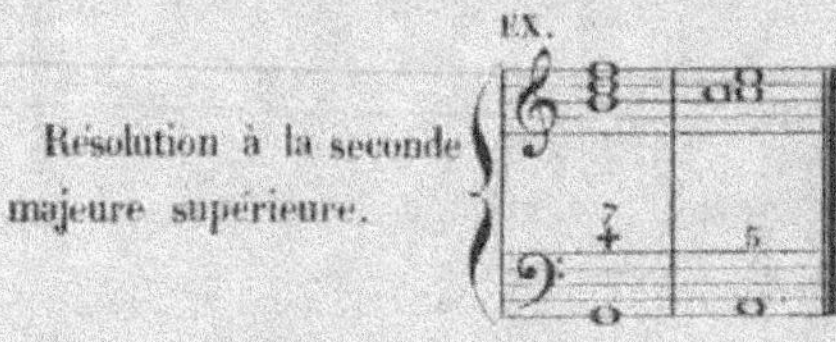

Résolution à la seconde majeure supérieure.

Résolution à la tierce inférieure.

On peut aussi quelquefois faire la résolution de la tierce *si* dans l'accord de septième dominante à la quarte supérieure dans la première partie, mais c'est comme intention mélodique.

Toutes les notes de la septième dominante peuvent s'échanger dans chaque partie.

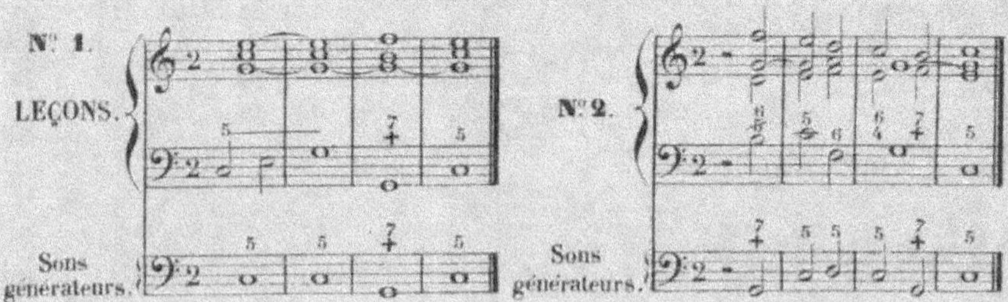

SEPTIÈME DOMINANTE.

N° 1.

LEÇONS.

N° 2.

Sons générateurs.

Sons générateurs.

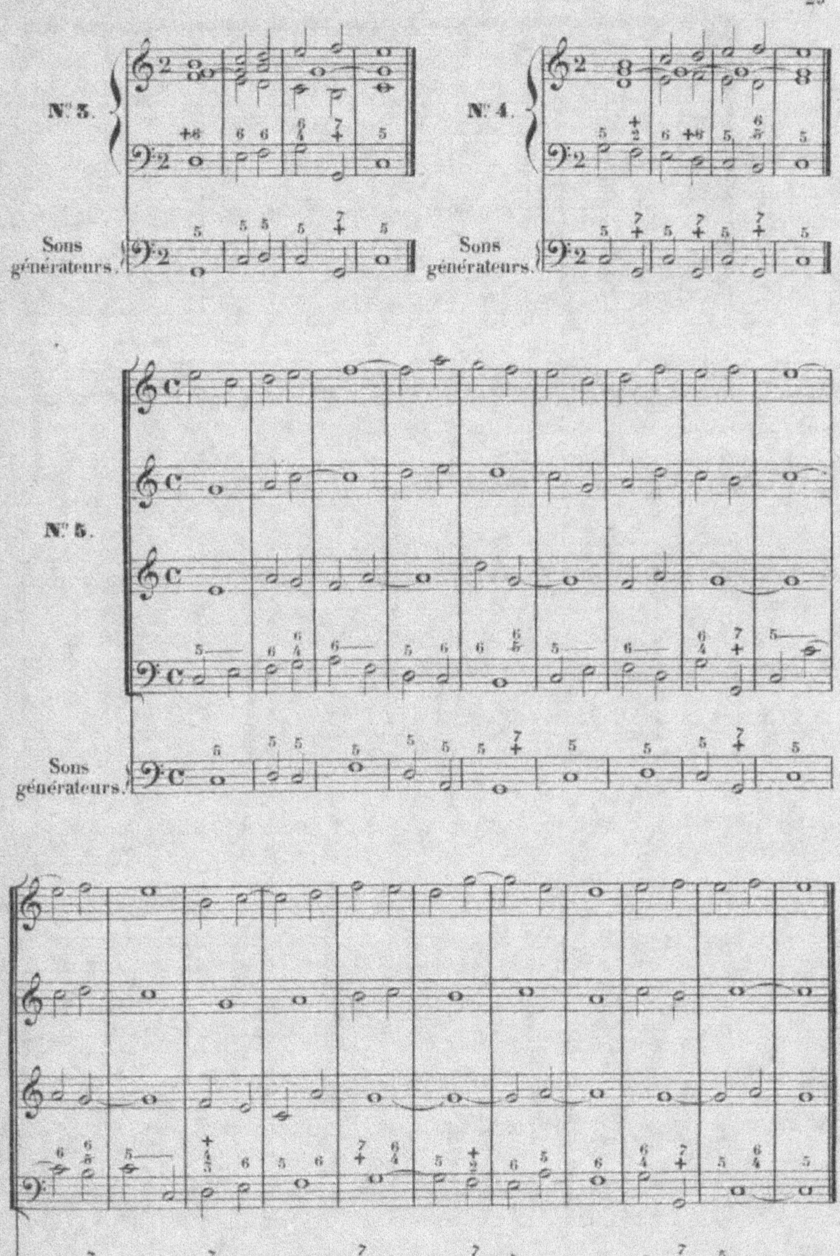
N.º 3.
N.º 4.
Sons générateurs.
Sons générateurs.
N.º 5.
Sons générateurs.

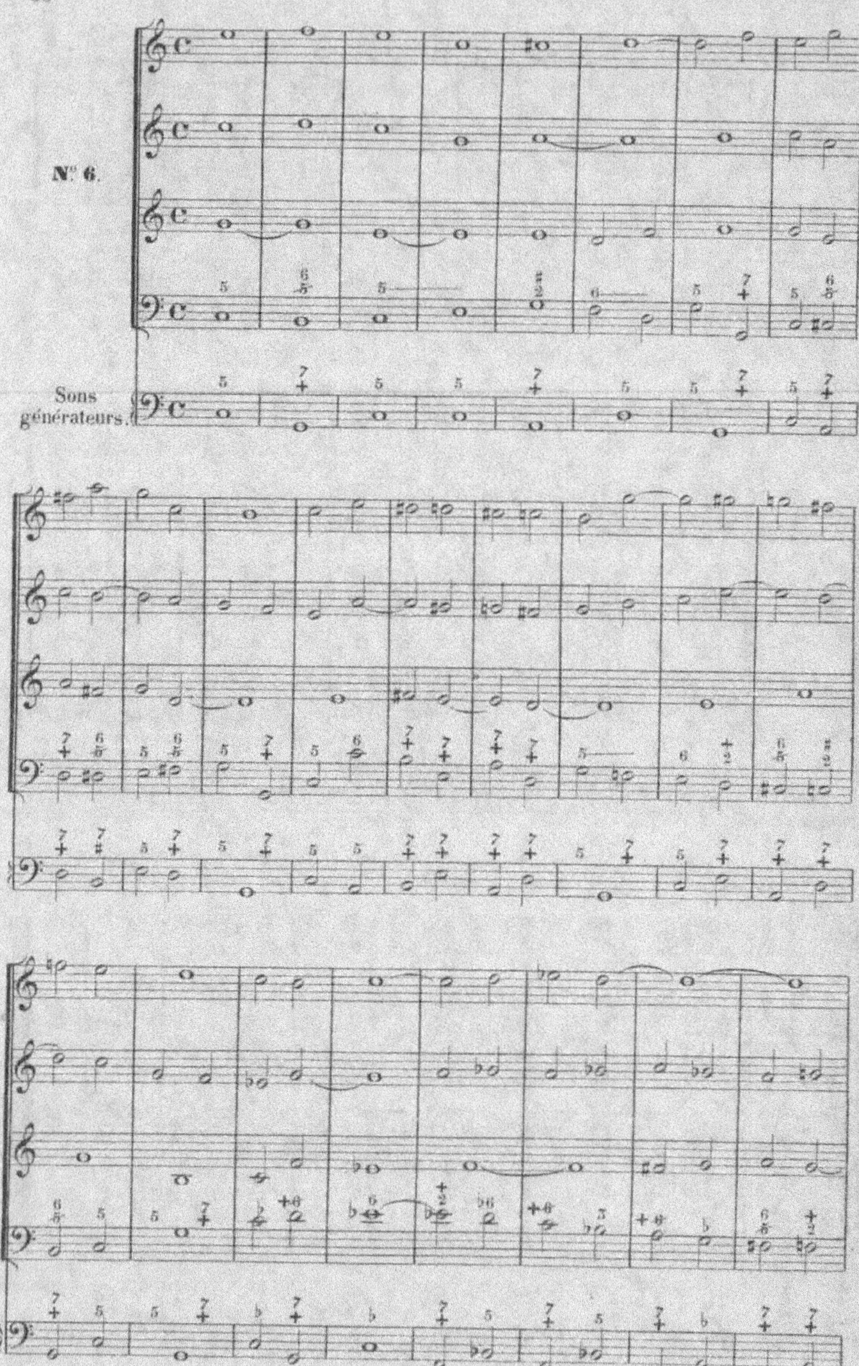
N.º 6.
Sons
générateurs.

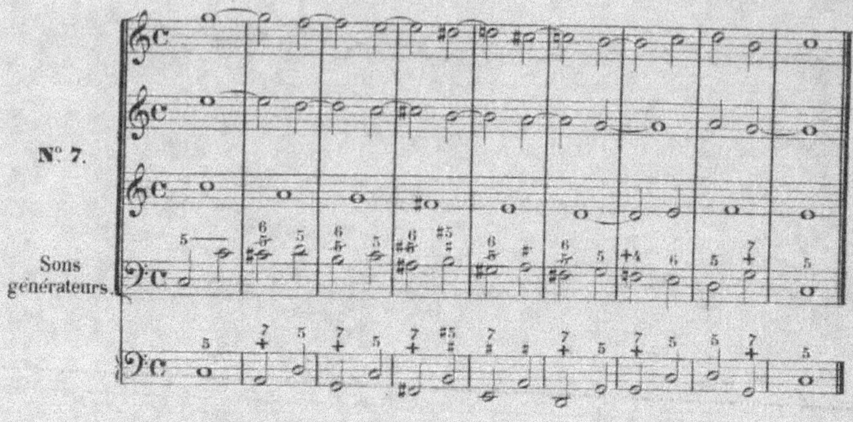

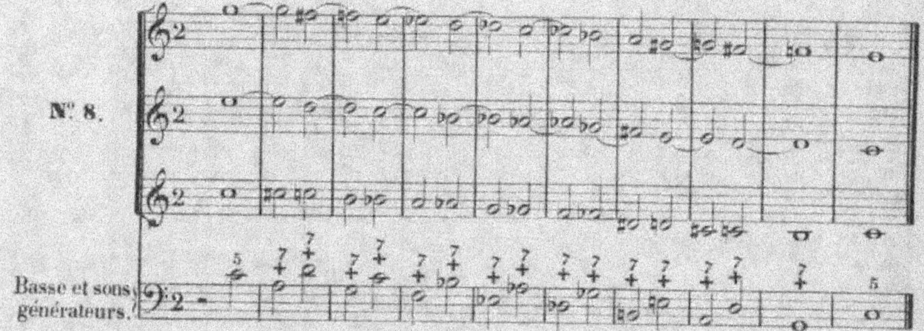

N.º 1.

On doit éviter le doublement de la fondamentale dans un cas semblable pour ne pas faire deux octaves.

N.º 2.

Dans l'accord de septième dominante toutes les notes peuvent s'échanger.

N.º 3.

Il faut éviter la tierce inférieure après la note fondamentale, pour ne pas faire des octaves cachées.

N.º 4.

Différentes relations à éviter.
1.º Pour les octaves cachées.
2.º Pour la difficulté de l'intonation vocale.

N.º 5.

La résolution suivante est permise.

On peut aussi rencontrer celle-ci.

Mais la résolution suivante n'est pas permise.

N.º 6.

La septième peut être précédée de sa tierce supérieure si la note fondamentale est retranchée.

N.º 7.

Lorsque la septième est au-dessous de la note fondamentale, il ne faut pas que la septième soit précédée de sa tierce supérieure pour éviter l'intonation difficile qu'elle présente dans le genre vocal; on peut, mais bien rarement l'employer dans le genre instrumental.

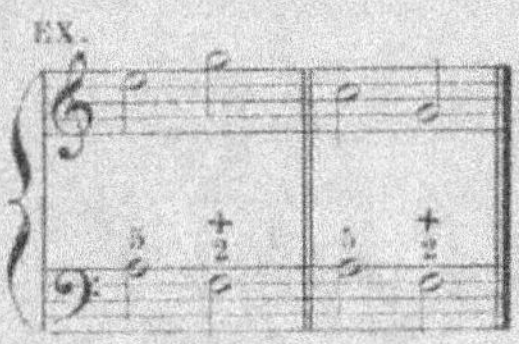

N.º 8.

On peut employer la résolution suivante.

et faire aussi un échange entre deux parties.

N.º 9. — Il est préférable quand la quarte juste est réalisée par les deux parties extrêmes, que la préparation soit faite par la partie haute plutôt que la partie basse, aussi beaucoup de personnes retranchent la fondamentale (*sol*) et d'autres dans le style instrumental, négligent également l'une et l'autre.

N.º 10. — Lorsque la fondamentale est précédée de la seconde, on peut attaqur la quarte contre la basse, parce que la seconde supérieure est considérée comme appoggiature de la septième.

Différentes résolutions de la septième dominante et de ses renversements.

EXEMPLES.

1
Accord
fondamental.

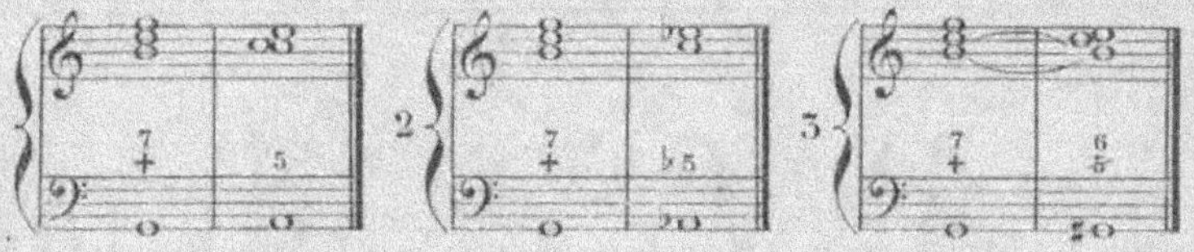

4

5

1
1.er
Renversement.

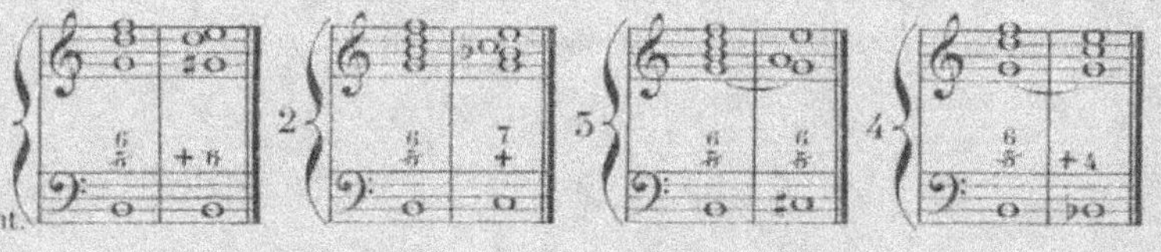

2.me
Renversement.

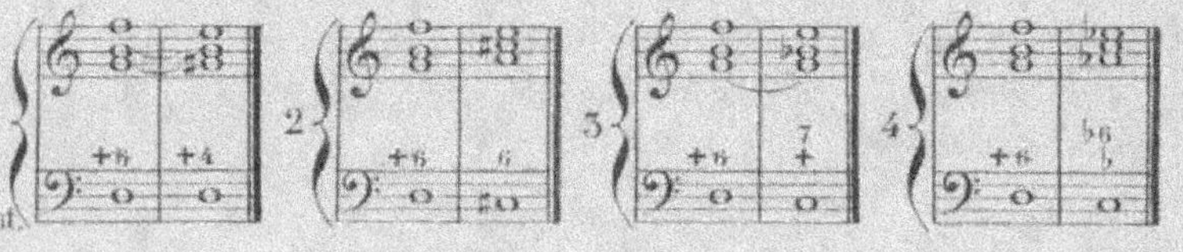

3.me
Renversement.

ARTICLE XI.

ACCORD DE SEPTIÈME DE PREMIÈRE ESPÈCE

(SEPTIÈME DOMINANTE) SUR LE DEUXIÈME DEGRÉ.

En haussant d'un demi-ton chromatique la quatrième note de la gamme, on obtient l'altération la plus usitée du système moderne, cet accord de quatre sons a sa fondamentale sur le deuxième degré de la gamme, etc.

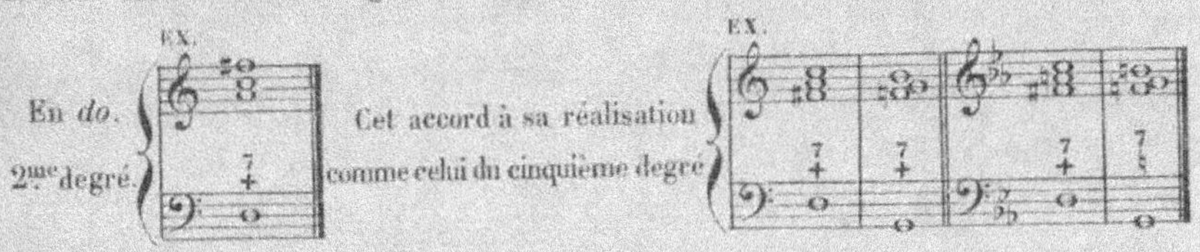

En *do*.
2.me degré.   Cet accord à sa réalisation comme celui du cinquième degré

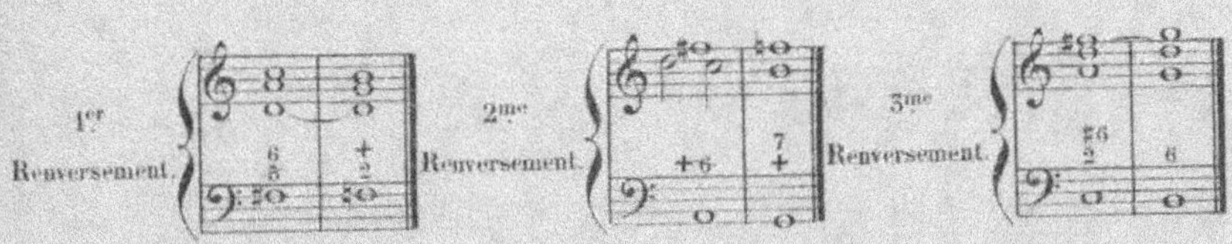

1er Renversement.   2me Renversement.   3me Renversement.

La réalisation de cet accord est la même que celle du cinquième degré excepté la note altérée. (la tierce) qui ne doit jamais avoir l'altération ascendante.

NOTA. La note sensible de même que la tierce ne peut avoir l'altération ascendante, mais les 1er 2me 4me et 5me degrés l'admettent: le 6me degré le permet bien moins que les précédents degrés, l'altération descendante ne peut avoir lieu, ni à la tonique ni à la sous-dominante, ni à la dominante, puisque c'est la règle des notes *altérées* non modulantes.

Dans cet accord la quarte sans préparation peut être admise dans la partie supérieure.

La fondamentale étant retranchée, la septième peut monter de tierce. La septième lorsque la basse descend, peut se résoudre en montant de seconde dans la partie supérieure.

EXEMPLE.

Leçon en *do* maj.

(1) Deux quintes permises. (Voyez la note page 13)

Deux altérations sont obligées dans le mode mineur de cet accord. La tierce et la quinte.

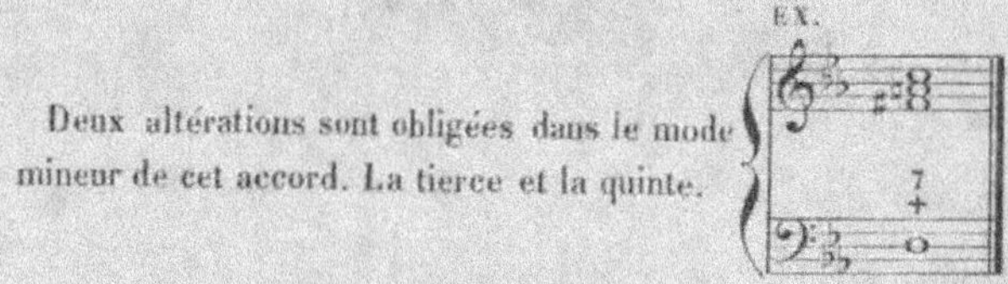

EXEMPLE.

Même leçon que la précédente en *do* mineur.

Sauf quelques rares exceptions, la partie supérieure de cet accord est soumise aux mêmes règles que pour le cinquième degré $\left(\frac{7}{+}\right)$

On peut dans le second renversement attaquer la quarte sans préparation.

On peut également dans ce même renversement faire monter la septième de tierce, en retranchant la fondamentale.

De même la septième peut se résoudre en montant de seconde dans la partie supérieure, si la basse descend.

Il faut aussi éviter les fausses relations dans les parties supérieures.

ARTICLE XII.

ACCORD DE SEPTIÈME DE DEUXIÈME ESPÈCE 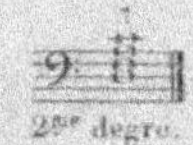

Le second degré d'une gamme majeure est celui sur lequel s'emploie principalement cet accord, il s'emploie moins souvent sur le sixième degré d'une gamme majeure et sur le quatrième degré d'une gamme mineure.

La résolution régulière se fait sur l'accord parfait, ou sur la septième dominante de sa quinte inférieure.

Cet accord s'emploie sur toutes les notes de la basse, mais le deuxième renversement est peu usité.

On ne retranche ni ne double la septième. On peut retrancher la quinte.

La tierce et la fondamentale peuvent être retranchées, mais elles ne peuvent être doublées. La résolution de la septième à la seconde inférieure, et la préparation de la septième sont obligatoires (sauf quelques rares exceptions)

La septième peut être résolue autrement qu'à la seconde inférieure, dans une partie intermédiaire. La septième peut aussi monter d'un degré, si la basse fondamentale descend d'une tierce. La septième peut monter de seconde ou descendre de quarte, si la quinte monte d'un degré dans la partie supérieure.

Les règles de l'accord de septième de seconde espèce sur le deuxième degré du ton majeur, sont à peu près les mêmes pour la note fondamentale du sixième degré du ton majeur, et du quatrième du ton mineur. Il faut précéder la septième, soit de la même note, soit par degrés conjoints, et faire suivre de la même manière.

ARTICLE XIII.

ACCORD DE SEPTIÈME DE TROISIÈME ESPÈCE

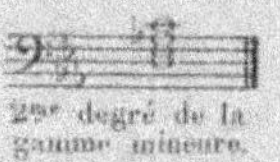

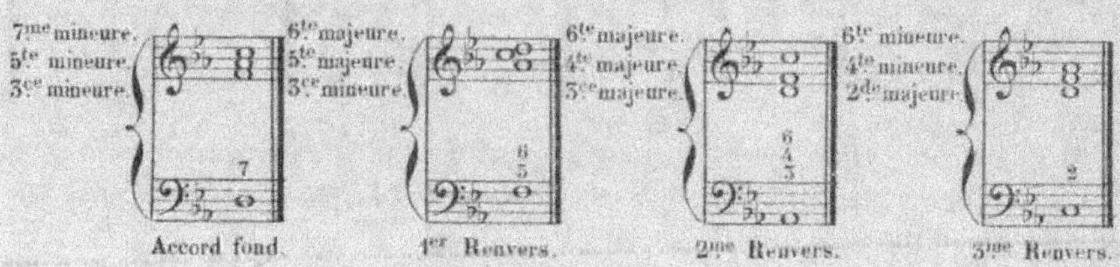

De même que l'accord de septième de deuxième espèce, le second degré d'une gamme mineure est celui sur lequel s'emploie principalement l'accord de septième de troisième espèce, ces deux accords sont soumis aux mêmes lois. On peut donc obtenir un modèle des cas usités dans l'accord de septième de troisième espèce, en transposant les exemples (deuxième espèce) de *do* majeur en *do* mineure. La *quinte* est donc la seule différence de ces deux accords.

On emploie fréquemment le deuxième renversement de cet accord qui possède une différence sensible avec celui de la septième de seconde espèce.

Cet accord s'emploie sur le sixième degré haussé de la gamme mineure, et sur les deuxième et sixième degré de la gamme majeure.

Dans le mode majeur, cet accord s'emploie aussi sur les deuxième et sixième degré en observant la marche des altérations.

ARTICLE XIV.

ACCORD DE SEPTIÈME DE QUATRIÈME ESPÈCE 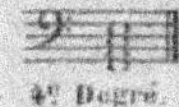

On emploie cet accord sur le premier et quatrième degré de la gamme majeure et sur le sixième degré de la gamme mineure. La septième doit être préparée.

Cet accord se résout fréquemment sur l'accord de septième de troisième espèce.

Les lois qui régissent les accords de deuxième et troisième espèce sont applicables à la réalisation de cet accord.

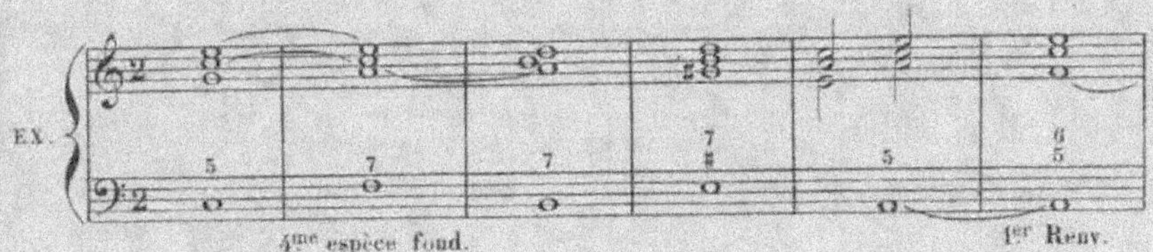

L'accord de quatrième espèce étant l'accord le plus dissonant, il faut passer à un accord moins dissonant (celui de troisième espèce) et ainsi de suite jusqu'à l'accord parfait, pour obtenir l'effet le plus doux et le plus agréable.

Les progressions harmoniques, ou marches de septièmes, ont pour condition forcée les notes fondamentales par quinte inférieure, ce qui donne lieu à l'emploi des quatre espèces de septièmes.

La septième note peut être doublée dans l'accord de septième de quatrième espèce, si la septième note est sur le même degré.

Les accords de septième, de deuxième, de troisième et quatrième espèce peuvent, dans certains cas, être regardés comme des *retards*, ou comme *Pédale*.

ARTICLE XV.

ACCORD DE QUINTE AUGMENTÉE

Cet accord très-doux s'il est précédé de l'accord parfait peut s'attaquer sans la préparation. Il s'emploie sur le 1er et 5me degré d'un ton majeur, il se résout à la quinte inférieure, et il s'emploie dans sa basse fondamentale et dans ses deux renversements. Sa quinte ne se double pas, comme peut le faire la fondamentale, et dans le cas de fausses relations, qu'il faut éviter, on emploie le redoublement de la tierce.

Lorsqu'un accord parfait est suivi d'un accord de quinte augmentée ayant la même basse fondamentale il faut retrancher la quinte du premier accord.

Cet accord est préférablement traité à trois parties. Il faut à cet accord une tonalité bien établie; pour que l'effet produise une impression douce et agréable.

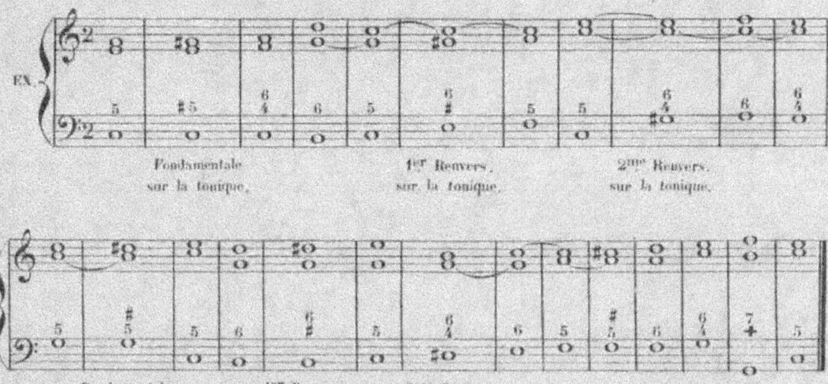

L'accord de quinte augmentée s'emploie rarement sur le quatrième degré de la gamme majeure il ne faut pas dans ce cas placer la note fondamentale dans la partie supérieure, si cette même note est à la basse.

ARTICLE XVI.

ACCORD DE QUINTE AUGMENTÉE AVEC SEPTIÈME MINEURE. 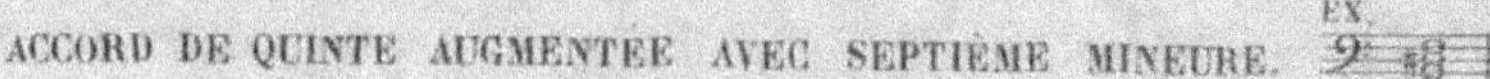

Cet accord se résout sur l'accord parfait majeur de sa quinte inférieure comme la septième dominante dont il émane. Il diffère seulement par l'altération de la quinte.

Cet accord peut se passer de préparation, mais la quinte augmentée sera d'un effet plus doux si elle est précédée de sa quinte parfaite. Il s'emploie dans sa position fondamentale et dans son premier et troisième renversement. La tierce diminuée (*ré# et fa*) étant un intervalle non reçu en harmonie, ne permet pas l'emploi du deuxième renversement.

La quinte augmentée doit être placée au-dessus de la septième. La tierce, la quinte et la septième ne doivent pas être supprimées ni doublées. La septième doit se résoudre en descendant, il faut éviter les degrés disjoints pour sa formation.

EXEMPLE.

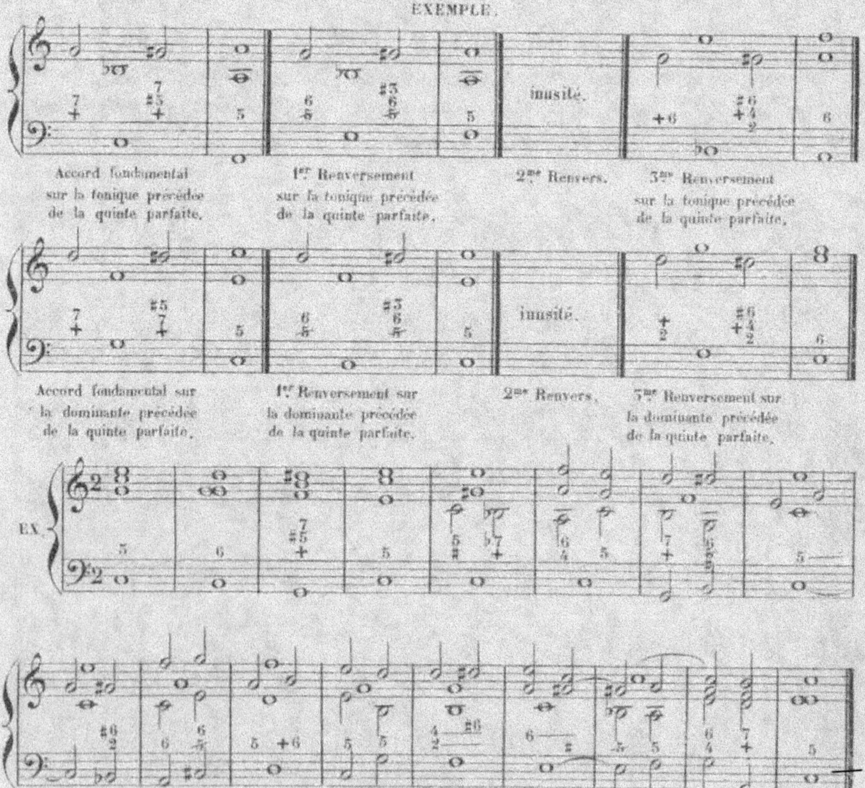

ARTICLE XVII.

ACCORD DE QUINTE AUGMENTÉE

1º Avec septième majeure. 2º Avec septième et neuvième majeure.

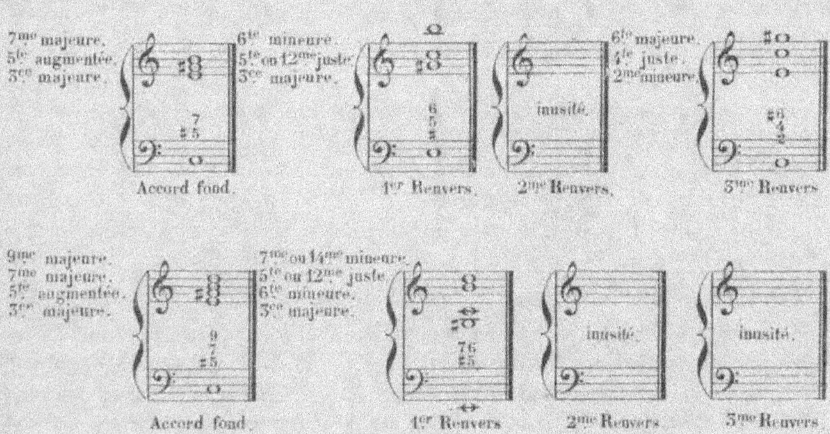

La septième et la neuvième n'ont pas besoin de préparation, elles doivent être
à distance de la fondamentale comme l'indique leur nom. Il faut écrire ces accords à 4 ou 5 parties.

ARTICLE XVIII.

ACCORD DE SEPTIÈME MINEURE AVEC TIERCE MAJEURE ET QUINTE DIMINUÉE.

formant l'accord de sixte augmentée avec quarte.

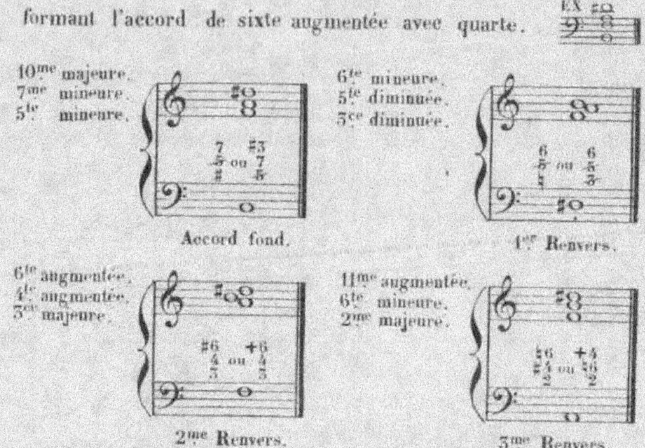

La deuxième note de la gamme mineure est la note fondamentale de cet accord.

L'altération ascendante de la tierce de septième de troisième espèce, et l'altération descendante de la quinte de septième de première espèce donnent la formation de cet accord.

La dureté de la tierce diminuée dans cet accord, peut être tolérée si l'une des deux notes arrive chromatiquement, ou si toutes deux par mouvement contraire arrivent par un demi-ton diatonique. Le deuxième renversement de cet accord est celui dont l'usage est le plus fréquent, ce qui lui a valu le nom de sixte augmentée avec quarte. La tierce et la quinte ne peuvent être ni retranchées ni doublées. Il faut éviter d'attaquer la fondamentale et la septième, à moins que l'accord ne soit préparé.

ARTICLE XIX.

ACCORD DE NEUVIÈME MINEURE AVEC QUINTE DIMINUÉE.

formant l'accord de sixte augmentée avec quinte. 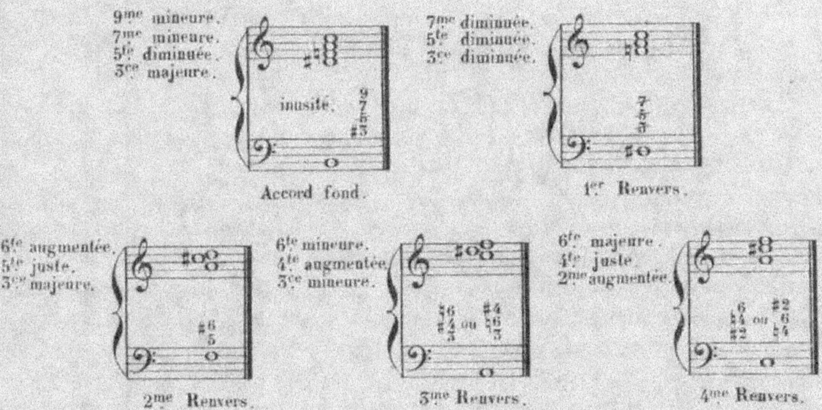

La deuxième note de la gamme mineure est la note fondamentale de cet accord.

Cet accord ne s'emploie pas dans sa position fondamentale pour en éviter la dureté, mais toutes les autres positions sont employées.

Dans ce 3.me Renversement et dans le 4.me Renversement, le *ré*♯ est la meilleure note de la partie supérieure, on ne retranche ni ne double aucune note de cet accord qui s'écrit à quatre parties.

Les accords de sixte augmentée, sont les deuxièmes renversements des accords des articles XVIII et XIX et non pas le troisième renversement de la quinte augmentée.

ARTICLE XX.

DE LA SEPTIÈME DE SENSIBLE DANS LE MODE MAJEUR.

L'accord de septième de sensible est composé de tierce mineure, quinte diminuée et septième mineure. Il se pose sur la note sensible, et se chiffre par $\frac{7}{4}$.

La septième qui est dissonante descend d'un degré, la quinte qui est diminuée et par conséquent dissonante descend aussi d'un degré et la note sensible doit monter d'un degré. Pour que l'accord de septième de sensible paraisse plus agréable, il faut en retrancher la tierce.

Le premier renversement de l'accord de septième de sensible est composé de tierce mineure, quinte juste, et sixte majeure, on le chiffre par $\frac{+6}{5}$, on le nomme accord de quinte et sixte sensible. Il se pose sur la deuxième note du ton qui doit monter afin d'éviter les deux quintes.

Le deuxième renversement de l'accord de septième de sensible est composé de tierce majeure, quarte augmentée et sixte majeure. On le chiffre par $\frac{4}{3}$ On le nomme accord de triton avec tierce majeure. Il se pose sur la quatrième note du ton.

Pour employer le premier et le second renversement de la septième de sensible d'une manière plus agréable, il faut que l'intervalle de seconde qui s'y trouve soit présenté sous le renversement de septième.

Le troisième renversement de la septième de sensible est composé de seconde majeure, quarte juste, et sixte mineure. On le nomme accord de seconde, on le chiffre par + 2. Il se pose sur la sixième note du ton. Quoique ce renversement puisse se faire sans préparation, il est très-peu usité de cette manière, son effet est beaucoup plus agréable en préparant la dissonance.

La septième de sensible fait sa résolution sur la tonique ainsi que la septième dominante. Ces deux accords ont trois notes qui leur sont communes. On peut placer sur chacune de ces notes, l'un ou l'autre de ces accords et même tous deux alternativement. La similitude qui existe entre ces deux accords prouve leur identité et démontre clairement qu'ils ont la même origine. On doit regarder le son générateur de la septième dominante, comme étant aussi celui de la septième de sensible.

Cette règle est établie par la nature qui exige que la basse fondamentale d'un accord dissonant, fasse une marche de quinte descendante sur la basse fondamentale de l'accord consonnant, sur lequel l'accord dissonant fait sa résolution. EX. Cette règle est sans exception; ce qui fait que dans l'accord de septième de sensible qui fait sa résolution sur l'accord parfait La basse fondamentale de cette septième de sensible ne peut pas être le *si*, puisqu'il faudrait supposer que la nature ferait une exception pour cet accord seulement à la marche générale de la résolution des accords dissonants, ce qui ne peut être admis d'après la règle générale dont nous avons déjà parlé et qui est comme nous le répétons sans exception. Il faut que la basse fondamentale d'un accord dissonant fasse une marche de quinte descendante sur l'accord parfait qui sauve l'accord dissonant.

Il est des cas ou l'accord de septième de sensible s'emploie sans préparation sur la seconde note du ton mineur relatif. Alors il se nomme accord de septième de seconde du mode mineur, et fait dans ce cas sa résolution sur la dominante. Il se chiffre ainsi que ses renversements comme dans le mode majeur. Il faut bien observer que dans le mode mineur le troisième renv! de cet accord n'est point usité sans préparation.

Cet accord, étant placé tantôt sur la note sensible du mode majeur et tantôt sur la seconde note du mode mineur relatif, a été aussi appelé pour cela, accord de septième mixte.

Dans le mode mineur, le son générateur de cet accord est la note grave elle même et non la dominante comme dans le mode majeur. Cela vient de ce que dans le mode mineur, cet accord fait sa résolution sur la dominante, et que la règle générale de la basse fondamentale se trouve observée.

Septième de Sensible.

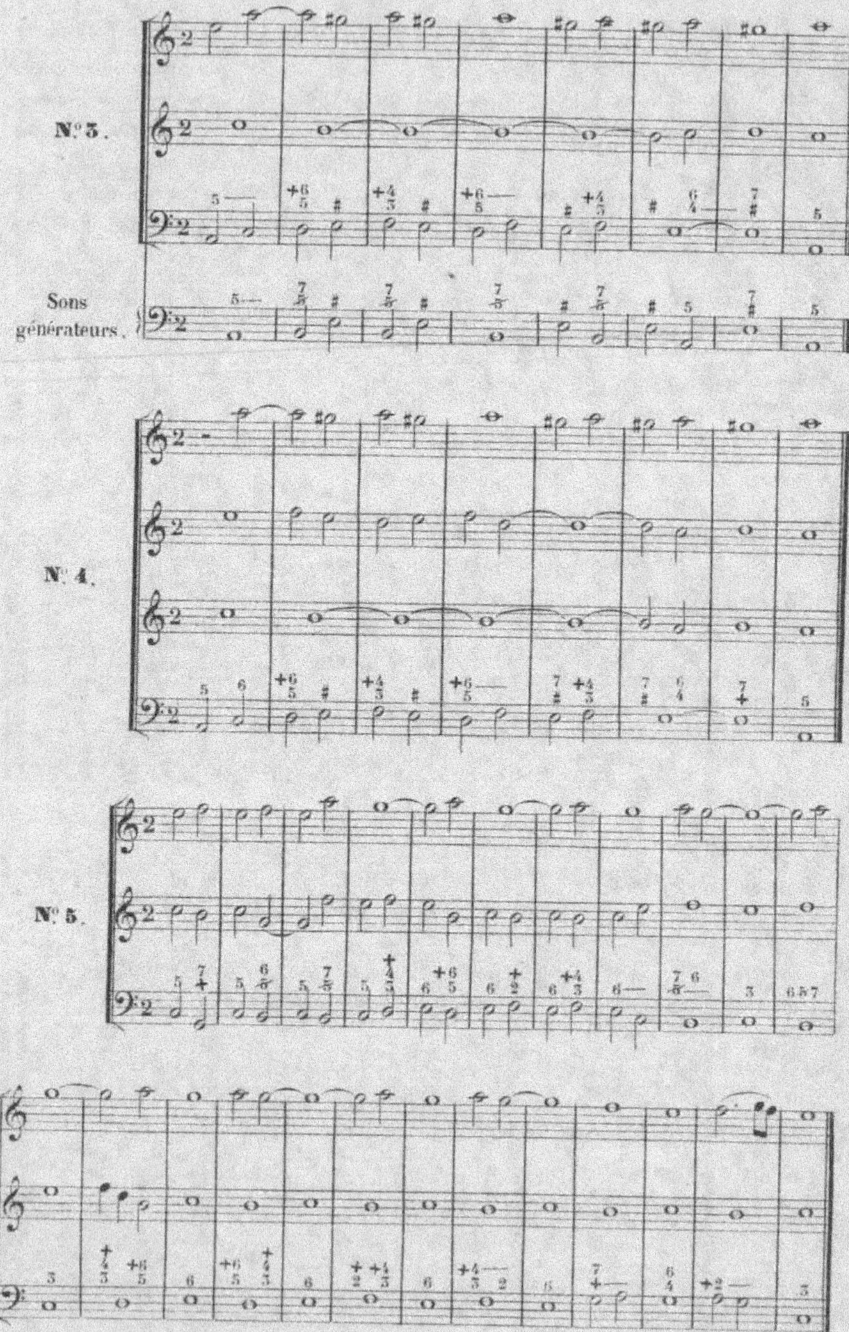
N°3.
Sons générateurs.
N°4.
N°5.

N.º 6.
Sons générateurs.

N.° 7.

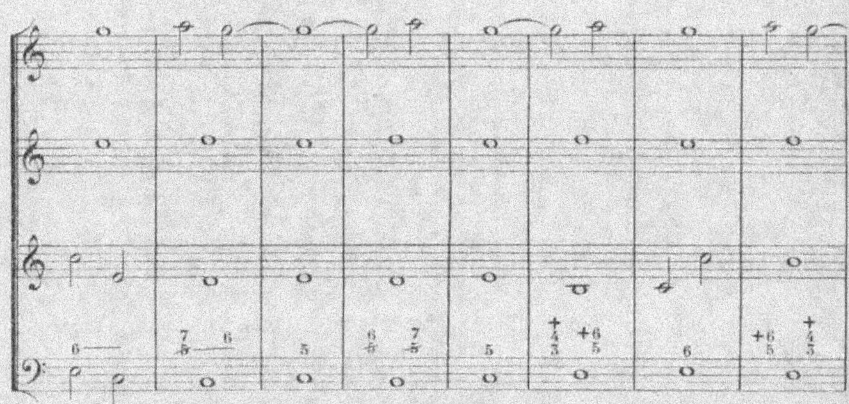

Différentes résolutions de la septième de sensible
et de ses renversements

ARTICLE XXI.
DE LA SEPTIÈME DIMINUÉE.

L'accord de septième diminuée est la septième de sensible du mode mineur; il est composé de tierce mineure, quinte diminuée et septième diminuée, ce qui fait trois tierces mineures. Cet accord se chiffre par 7 il se pose sur la note sensible dans le mode mineur.

La septième qui est dissonante, doit descendre d'un degré. La quinte qui est diminuée, doit descendre d'un degré et la note sensible doit monter d'un degré.

Son premier renversement est composé de tierce mineure, quinte diminuée et sixte sensible. Il se chiffre par $^{+6}_{5}$ Il se pose sur la seconde note du ton qui doit monter.

Le second renversement de la septième diminuée est composé de tierce mineure, quarte augmentée et sixte majeure. On le nomme accord de triton avec tierce mineure. Il se chiffre par $^{+4}_{b}$ et se pose sur la quatrième note qui doit descendre.

Son troisième renversement est composé de seconde augmentée, quarte augmentée, et sixte majeure. On le nomme accord de seconde augmentée. Il se chiffre par +2 et se pose sur la sixième note du ton.

Tout ce qui a été dit sur la septième de sensible quant à ses rapports avec la septième dominante, s'applique à la septième diminuée.

Cet accord appartient exclusivement au mode mineur; on ne peut l'employer dans le mode majeur que par licence.

Emploi de la septième diminuée.

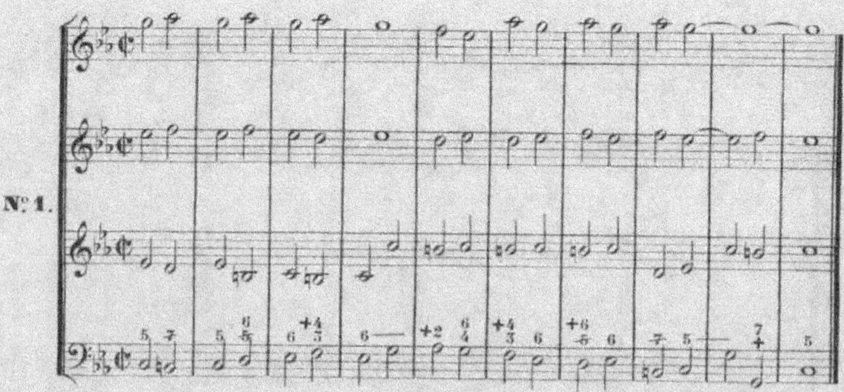

N.º 1.

N.º 2.

N.º 3.

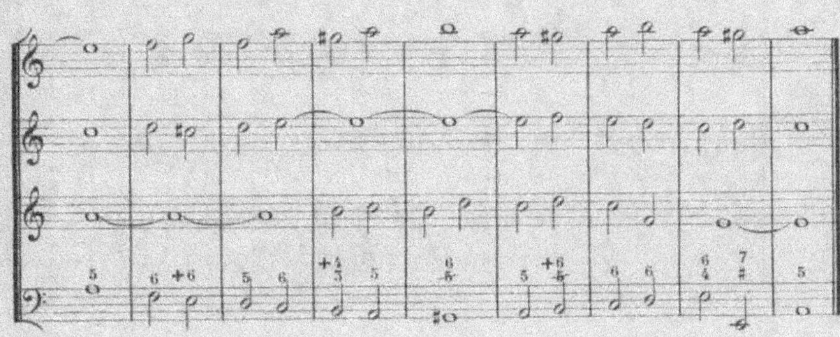

Emploi de la septième diminuée et de la septième dominante.

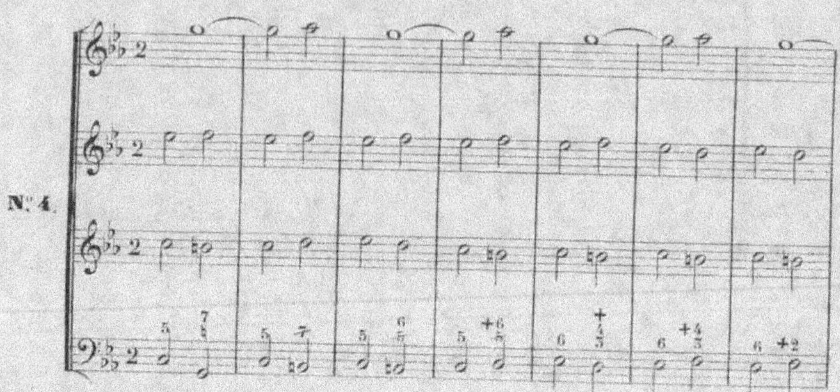

Différentes résolutions de la septième diminuée et de ses renversements.

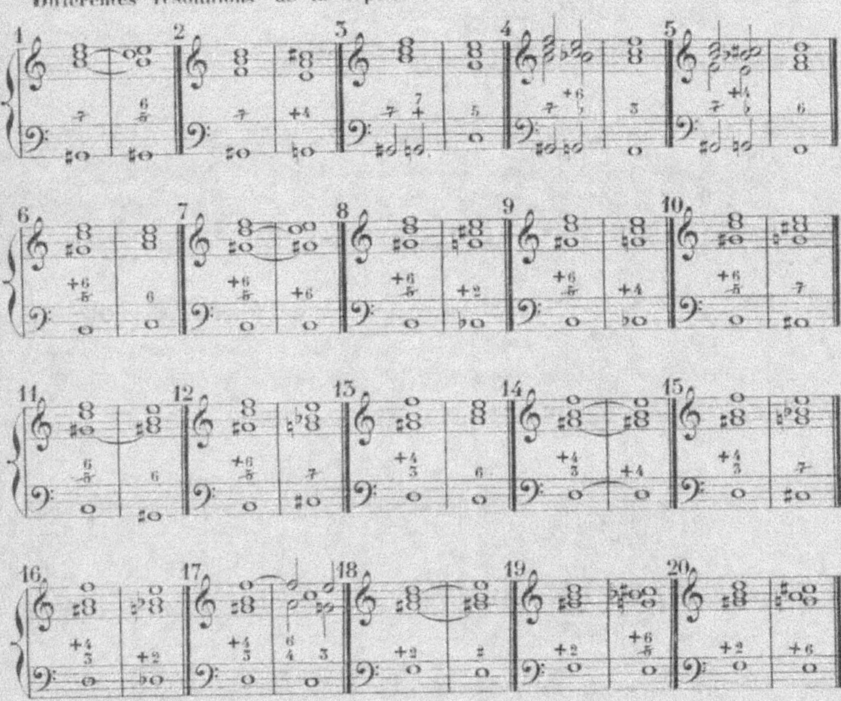

Différentes résolutions de la septième dominante et de la septième mixte
et de leurs renversements par la septième diminuée et ses renversements.

ARTICLE XXII.

NEUVIÈME MAJEURE DOMINANTE.

Cet accord est la combinaison de la septième dominante et de la septième de sensible réunies; il est composé de tierce majeure, quinte juste, septième mineure, et neuvième majeure. Il se chiffre par $\frac{9}{7}+$ et se pose sur la dominante.

La septième et la neuvième sont dissonantes et doivent descendre d'un degré.

On peut les sauver en même temps, ou l'une après l'autre, en commençant par la neuvième. La note sensible doit monter d'un degré. Cet accord fait sa résolution sur la tonique. On doit en retrancher la quinte, pour que l'effet en soit moins dur.

EXEMPLE.

Cet accord est susceptible d'être renversé, mais il faut que le générateur soit toujours à une distance de neuvième de la dissonance, cet intervalle n'étant point susceptible d'être renversé.

Le premier renversement de la neuvième dominante majeure est composé de tierce mineure, quinte diminuée, sixte mineure et septième mineure à l'octave au-dessus.

On le chiffre par $\frac{7}{6}\frac{}{5}$.
Il se pose sur la note sensible.

Comme nous avons observé déjà, qu'il fallait retrancher le *ré* de cet accord, ce renversement vaut beaucoup mieux de la manière suivante.

Le deuxième renversement est composé de tierce mineure, quarte, quinte à l'octave au-dessus et sixte majeure; on le chiffre par $\begin{smallmatrix}+6\\5\\4\\3\end{smallmatrix}$

Ce renversement est dur et par conséquent le moins usité; il faut que la note de basse monte d'un degré pour éviter les deux quintes.

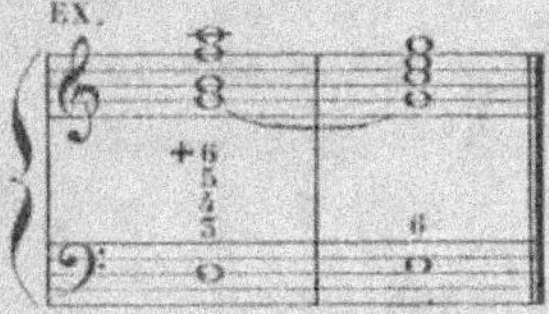

Son troisième renversement est composé de seconde majeure, tierce majeure à l'octave au-dessus, quarte augmentée et sixte majeure. Il se chiffre par $\begin{smallmatrix}+4\\3\\2\end{smallmatrix}$

Comme on en retranche le *Ré* cet accord s'emploie de la manière suivante:

Il faut remarquer que dans cet accord et dans ses renversements, la neuvième est toujours dans la partie supérieure.

Neuvième mineure dominante.

Cet accord est le même que le précédent, à l'exception de la neuvième qui est mineure. C'est l'amalgame de la septième dominante et de la septième diminuée.

Il se chiffre par $\begin{smallmatrix}\flat 9\\7\\+\end{smallmatrix}$ Il s'emploie de la même manière que le précédent, ainsi que ses renversements. Il faut indiquer aux chiffres l'altération que produit la neuvième mineure dans les renversements.

Exemple de la neuvième mineure dominante.

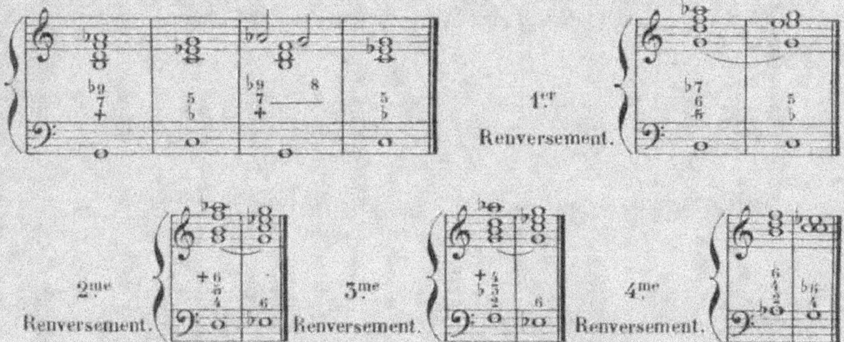

Il faut bien observer que le générateur doit toujours être à distance de neuvième de la dissonance dans tous les renversements, et pour que cet accord soit plus agréable, il faut toujours en retrancher la quinte.

ARTICLE XXIII.

DES NOTES DE PASSAGE.

L'harmonie naturelle n'étant composée que d'accords parfaits, et de septièmes dominantes et sensibles, le retour trop fréquent des mêmes accords produit une monotonie qu'on fait disparaître au moyen de quelques dissonances artificielles qu'on introduit dans l'harmonie naturelle.

Ces dissonances sont de deux espèces; notes de passage et notes prolongées. Nous allons commencer par ces notes de passage.

Notes de passage.

Les notes de passage s'emploient au temps faible de la mesure, ou à la partie faible du temps. Elles sont étrangères aux accords sur lesquels elles ne font que glisser sans s'identifier avec eux. Elles servent à remplir le vide d'un intervalle de *tierce*, de *quarte*, de *quinte*, etc. Elles doivent toujours avoir une marche diatonique, c'est-à-dire qu'elles doivent marcher par degrés conjoints, soit en montant, soit en descendant.

La règle qui défend de faire deux quartes, deux quintes, ou deux octaves de suite, est applicable aux notes de passage comme si elles faisaient partie de l'harmonie.

Harmonie naturelle offrant un saut de tierce et de quarte au chant et à la basse.

N.º 1.

Même leçon ou le saut de tierce est rempli au chant et à la basse
par une note de passage.

N.º 2.

Même leçon à laquelle on a ajouté deux notes de passage pour remplir le
saut de quarte au chant et à la basse.

Même leçon où la seconde partie fait des notes de passage à la tierce
au-dessous de la première.

Même leçon où on a ajouté une autre partie qui fait des notes de passage à la
tierce au-dessus de la basse.

Nota.—En comparant les quatre derniers exemples au premier N.º 1. dont ils sont
tirés, on doit voir la ressource que donnent les notes de passage.

Harmonie naturelle offrant un saut de tierce au chant et à la basse.

Nº 2.

Le saut de tierce rempli au chant et à la basse par une note de passage
au temps faible de la mesure.

Nº 2.

Même leçon avec une note de passage à la partie faible de chaque temps
au chant et à la basse.

Nº 2.

ARTICLE XXIV.

DES PROLONGATIONS.

On peut prolonger une ou plusieurs notes d'un accord sur l'accord suivant. La note prolongée est une dissonance qui doit descendre d'un degré, soit dans l'accord même où elle est prolongée, soit dans l'accord suivant. Il est des cas où la note prolongée retarde une note supérieure, alors elle doit monter d'un degré au lieu de descendre.

La prolongation n'est le plus souvent, que le retard d'une note d'un accord, dans ce cas, elle peut se résoudre dans l'accord même sur la note qu'elle avait retardée.

La prolongation peut se faire aussi sur un accord déjà complet dans lequel la note prolongée n'aura pas de résolution, mais elle doit nécessairement se résoudre dans l'accord suivant en descendant d'un degré.

Les prolongations se font au temps fort de la mesure, ou à la partie forte du temps, et les résolutions se font au temps faible.

Les prolongations produisent des dissonances de seconde, de tierce, de quarte, de quinte, de sixte ou treizième, de septième et de neuvième.

LEÇON SUR LES RETARDS

Harmonie simple. Suite de sixtes.

N.º 1.

La même avec retard des sixtes par les quintes.

N.º 1.

Le même passage à contre-temps.

N.º 1.

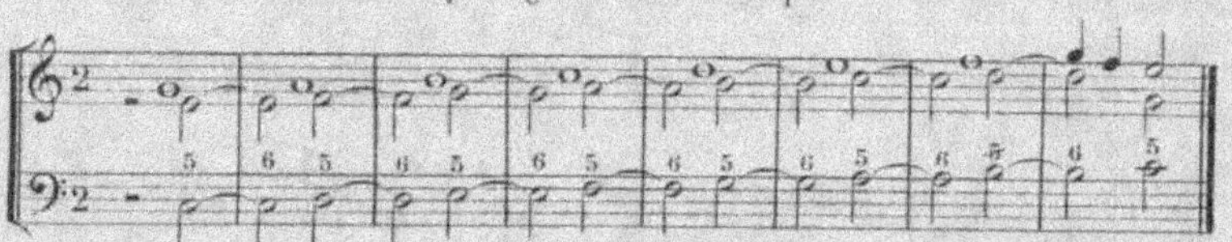

Le même passage avec retard des sixtes par les quintes et par les septièmes
produisant suite de septièmes.

N.º 1.

Il faut comparer les quatre dernières portées de cette page avec les deux premières.

Harmonie simple. Suite d'accords parfaits.

N.º 1.

Retard de l'octave produisant suite de neuvièmes.

No. 2.

Même leçon. Retard de l'octave de la tierce, produisant suite de onzièmes.

No. 2.

Harmonie simple.

No. 3.

Même leçon avec retard de tierces produisant suite de quartes et quintes.

No. 3.

Harmonie simple. Suite de sixtes.

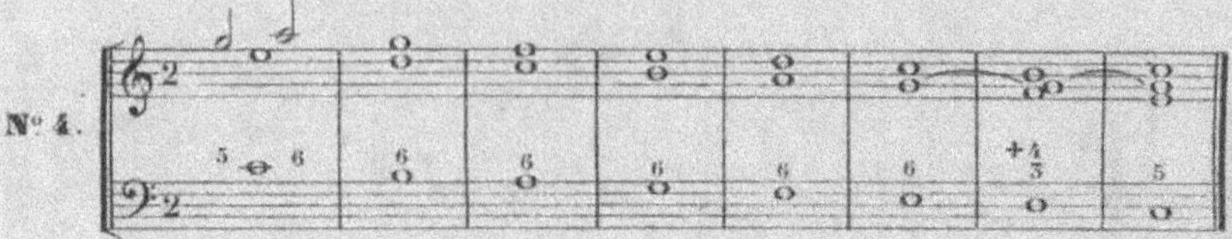

N.º 4.

Même leçon avec retard des sixtes, par les septièmes produisant suite de 7.ᵐᵉˢ

N.º 4.

Harmonie simple. Suite d'accords parfaits et de sixtes.

N.º 5.

La même avec des notes de passage au chant et à la basse.

N.º 5.

La même autrement figurée.

N.º 5.

Retard des sixtes par les quintes dans le même passage.

Le même passage figuré.

La même leçon avec suite de quintes et sixtes et de secondes.

Harmonie simple. Suite d'accords parfaits et de sixtes.

N.º 6.

La même leçon avec retard de sixte produisant suite de septièmes.

N.º 6.

La même leçon où les sauts de tierce et de quarte sont remplis par des notes de passage.

N.º 6.

Harmonie simple. Suite d'accords parfaits. Cet exemple termine dans le ton relatif.

N.º 7.

La même leçon avec retard de la tierce produisant suite de quartes et quintes.

N.° 7.

La même leçon où les deux premières parties sont figurées par des notes de passage.

N.° 7.

Harmonie naturelle. Suite d'accords parfaits.

N.° 8.

Même leçon avec retard de tierce produisant dissonance de quarte de deux en deux mesures.

N.° 8.

Même leçon avec retard de tierce dans la septième dominante
et dans l'accord parfait.

N.º 8.

Même leçon avec retard de tierce et d'octave produisant
dissonance de quarte et de neuvième alternativement.

N.º 8.

Même leçon avec retard de tierce dans la septième dominante
et de tierce et d'octave dans l'accord parfait.

N.º 8.

Harmonie simple. Suite d'accords parfaits.

Nº 9.

La même leçon avec des syncopes consonnantes dans toutes les parties.

Nº 9.

La même leçon dans laquelle l'octave est retardée à la première partie, et où
les deux parties intermédiaires sont figurées par des notes de passage

Nº 9.

N°. 10.

Modèle d'une leçon à quatre parties à trois temps.

Lorsqu'une basse fait des notes de passage, on l'appelle basse figurée pour la distinguer de celle qui marche par accords soutenus, et qu'on appelle alors accompagnement plaqué.

Exemple d'une basse figurée.

Marche mélée de septièmes et de quintes et sixtes.

Marche de septièmes et de quintes et quartes.

Marche de neuvièmes et de sixtes.

N.º 14.

Harmonie simple, suite d'accords parfaits
dans l'exemple suivant le ton n'est pas déterminé.

N.º 15.

Même leçon où les sauts de tierce et de quarte
sont remplis par des notes de passage.

N.º 15.

Même leçon autrement figurée.

N.º 15.

Il faut observer que, dans ce dernier exemple, les $\frac{6}{4}$ sont bien fréquentés, ce renversement étant dur à l'oreille, il faut l'employer très-rarement. Il ne se met ordinairement que sur la tonique et sur la dominante.

Même leçon représentée d'une autre manière.

N.º 15.

Il faut bien remarquer que, pour que ces simples septièmes soient plus agréables, on doit en retrancher la quinte comme dans l'exemple précédent; par consequent ces simples septièmes valent beaucoup mieux à trois parties, que de toute autre manière.

NOTA Il faut encore remarquer que pour produire une marche de simples septièmes, la basse monte de quarte et descend de quinte, Voyez l'exemple ci-dessus.

Dans la marche de quinte et quarte, la basse monte de quarte et descend de quinte, ainsi toutes les fois que la basse suit la marche de l'exemple précédent, on peut la chiffrer en septièmes, et toutes les fois qu'elle suit la marche de l'exemple suivant, on peut mettre quarte et quinte.

ARTICLE XXV.

DES PROGRESSIONS OU MARCHES D'HARMONIES.

Un mouvement de basse étant adopté, on peut le continuer en montant ou en descendant progressivement, en l'accompagnant d'une harmonie régulière comme lui; une succession de mouvement de cette nature s'appelle:

Progression ou marche d'harmonie.

Il y a deux sortes de progressions, savoir celles qui modulent et celles qui ne modulent pas. Les progressions modulantes sont celles qui, à chaque révolution de la basse, font entendre une nouvelle note sensible, ou un nouveau quatrième degré dans l'une ou l'autre partie.

EXEMPLES.

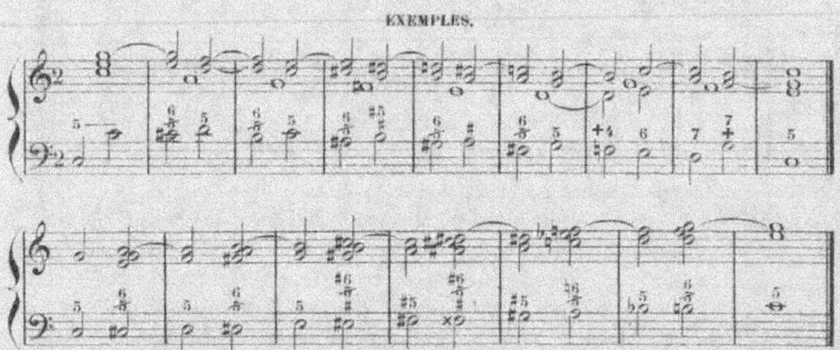

Les progressions qui ne modulent pas ont la singulière propriété de suspendre l'idée du ton qui ne se manifeste qu'à la terminaison. Il en résulte que n'ayant plus de degré déterminé, les accords n'ont plus de place assignée et peuvent se faire sur toutes les notes de la gamme.

EXEMPLES.

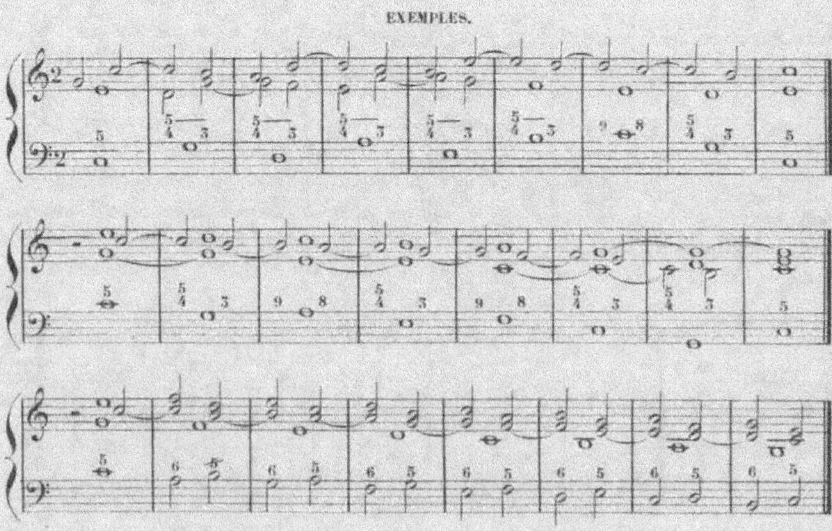

Il faut remarquer que dans toutes ces progressions, la basse entraîne toutes les parties dans le sens de sa marche, si elle est ascendante, toutes les parties montent, si elle est descendante, toutes descendent. Si la progression monte ou descend beaucoup, il faut, dès le commencement établir les parties assez haut ou assez bas pour qu'elles ne soient point entraînées vers un point trop aigu ou trop sourd; mais dans aucun cas, il ne faut tenter de replacer l'harmonie pendant le cours de la progression, car il en résulterait nécessairement quelque incorrection.

Une marche de simples septièmes comme celle ci-dessus doit toujours finir par une septième dominante.

Marche de quinte et sixte.

Il faut remarquer que dans la marche de quinte et sixte, la basse monte d'un degré du temps fort au temps faible, et descend d'une tierce du temps faible au temps fort. Ainsi toutes les fois qu'une basse suit la marche de l'exemple précédent, on peut la chiffrer par quinte et sixte. Dans la marche de neuvième au contraire, la basse monte d'un degré du temps faible au temps fort, et descend d'une tierce du temps fort au temps faible.

Marche de neuvièmes.

Toutes les fois qu'ne basse marchera comme celle de cet exemple, on pourra la chiffrer de même.

Marche de quarte et quinte.

Marche de septièmes.

Cette marche est bien plus agréable en retranchant la quinte dans les simples septièmes comme dans l'exemple ci-dessus.

Marche de neuvièmes.

La même marche autrement figurée.

BASSES RÉALISÉES.

Ces Basses de M. Ambroise THOMAS renferment dans leurs réalisations la plupart des règles indiquées dans cet ouvrage.

N.º 3.
N.º 4.

N.° 5.
N.° 6.

N.° 7.
N.° 8.
N.° 9.
8va basse ad lib.

Nº 10.

N.° 11.

Nº 12.
Nº 13.

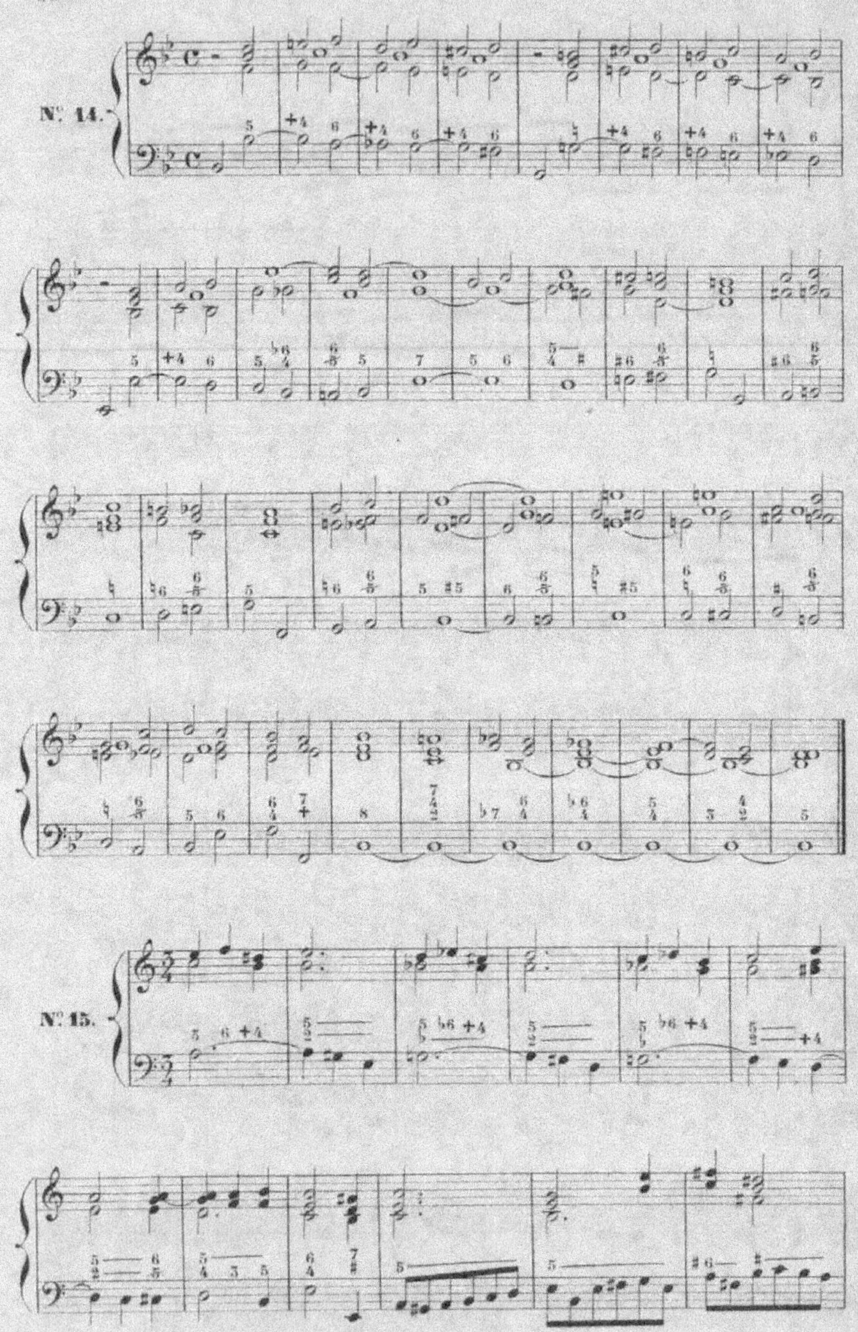

N? 14.
N? 15.

N.º 16.

ARTICLE XXVI.

DES ALTÉRATIONS.

Altérer une note, c'est en changer l'intonation par un *dièze*, un *bémol* ou un *bécarre*. On peut altérer une ou plusieurs notes d'un accord, quand cette altération conduit la note à son but. Par exemple, si le *ré* naturel doit monter au *mi* naturel, on peut après avoir fait le *ré*, passer par le *ré* dièze qui conduit au *mi*. Mais si le *ré* doit descendre au *do* au lieu d'être altéré par un dièze, il doit l'être par un bémol.

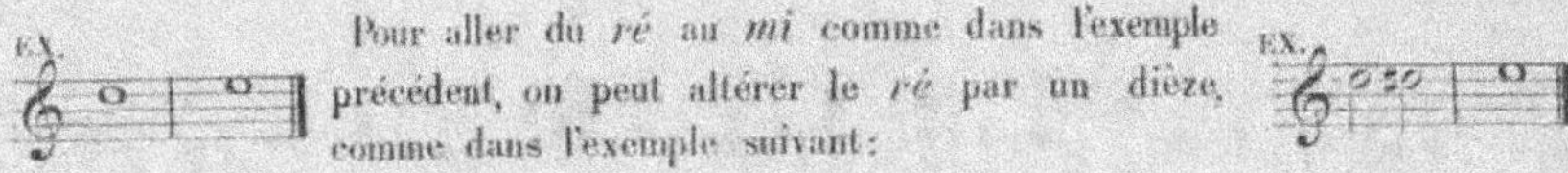

EX. — Pour aller du *ré* au *mi* comme dans l'exemple précédent, on peut altérer le *ré* par un dièze, comme dans l'exemple suivant: — EX.

AUTRE EXEMPLE.

Pour aller du *ré* au *do*, on peut altérer le *ré* par un bémol, comme dans l'exemple suivant:

Tous les accords sont susceptibles de recevoir une ou plusieurs altérations.

Accord parfait majeur altéré.

L'accord parfait majeur peut être altéré dans sa quinte en montant: Cette altération produit un intervalle de quinte augmentée; et l'accord est composé de deux tierces majeures.

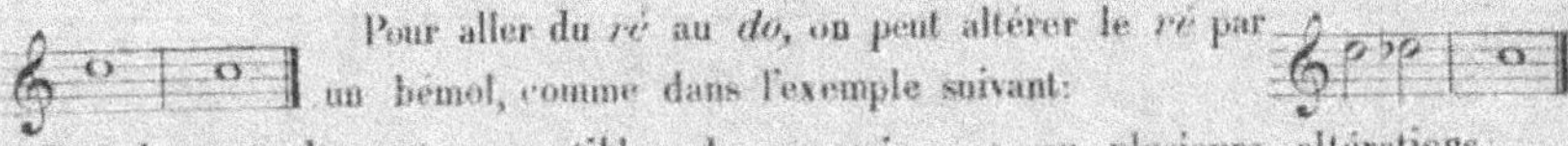

EXEMPLE.
De l'accord parfait altéré en montant. — L'altération peut se faire aussi dans les renversements.

EXEMPLE.
Du 1.er renversement sans altération. — avec l'altération.

EXEMPLE.
Du 2.me renversement sans altération. — avec l'altération.

L'accord parfait majeur peut aussi être altéré dans sa tierce en descendant, alors l'accord devient mineur.

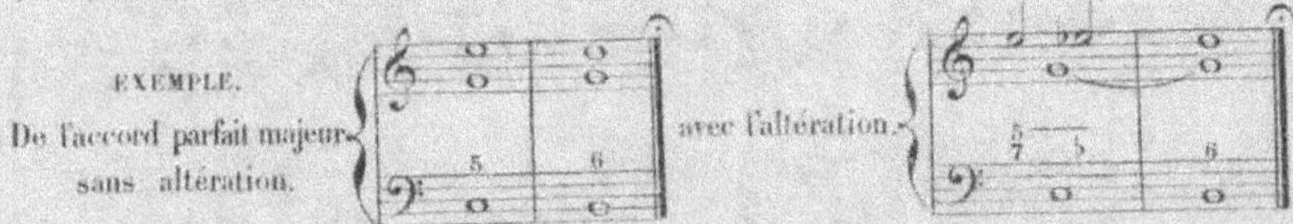

EXEMPLE.
De l'accord parfait majeur sans altération. — avec l'altération.

La même altération peut se faire aussi dans les renversements.

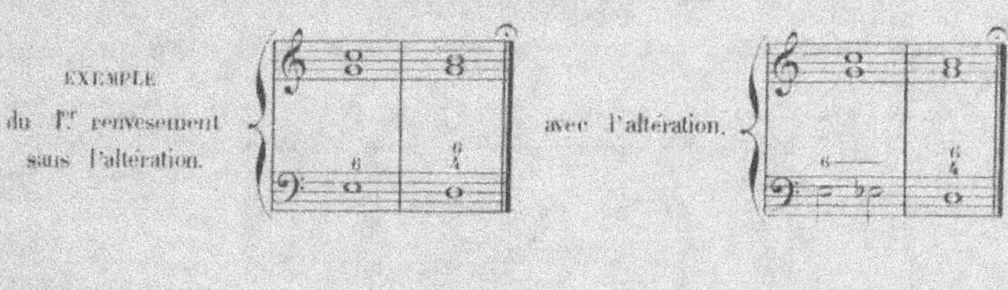

EXEMPLE
du 1.er renversement
sans l'altération.

avec l'altération.

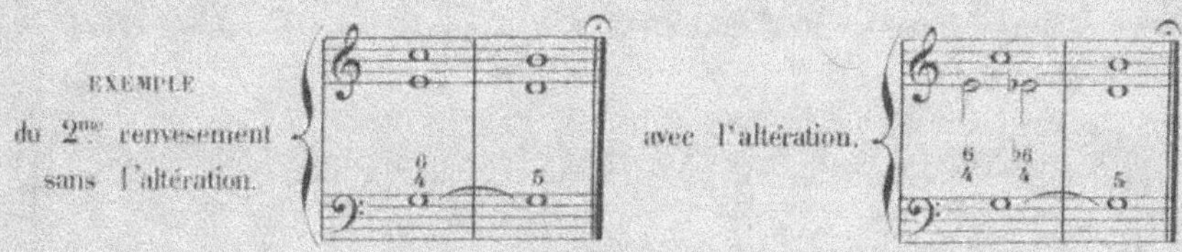

EXEMPLE
du 2.me renversement
sans l'altération.

avec l'altération.

L'accord parfait majeur peut aussi être altéré par la note fondamentale en montant. Alors l'accord devient *diminué*.

EXEMPLE
de l'accord parfait majeur
sans l'altération dans sa
note fondamentale.

avec l'altération dans
sa note fondamentale.

EXEMPLE
du 1.er renversement
sans l'altération.

avec l'altération.

EXEMPLE
du 2.me renversement
sans l'altération.

avec l'altération.

Accord parfait mineur altéré.

L'accord parfait mineur peut être altéré dans sa quinte en descendant, alors l'accord devient diminué.

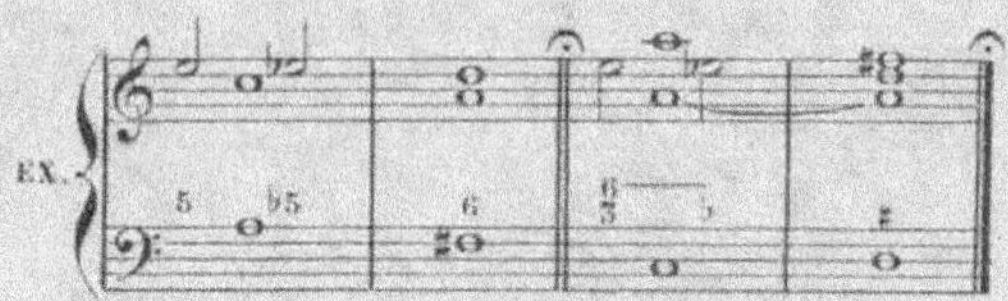

L'accord parfait mineur peut aussi être altéré dans sa tierce en montant, alors l'accord devient majeur.

L'accord parfait mineur peut être altéré dans la note fondamentale en descendant et en montant.

L'altération en descendant produit une *quinte augmentée*, et en montant, elle produit une *tierce* et une *quinte diminuée*.

EXEMPLE.
avec l'altération qui produit une quinte augmentée.  avec l'altération en montant, ce qui produit une tierce et une quinte diminuée.

Pour éviter l'intervalle de tierce diminuée, il faut altérer la tierce en même temps que la note fondamentale.

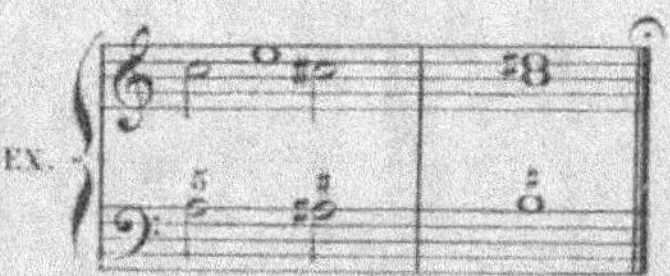

Comme le renversement de la tierce diminuée forme un intervalle de sixte augmentée, le meilleur moyen d'employer cette altération est de présenter l'accord sous le renversement de sixte; c'est de cette manière, que cette altération est très-usitée.

Accord de septième dominante altéré.

L'accord de septième dominante peut être altéré dans sa quinte en montant et en descendant, en observant de renverser la tierce diminuée en sixte augmentée.

L'altération peut se faire aussi dans les renversements. Voyez les exemples suivants:

Quand la septième dominante est altérée dans sa quinte en descendant, cette altération qui (dans le ton de *do*) change le *ré* ♮ en *ré* ♭, fait pressentir le ton de *fa* mode mineur, et l'accord parfait sur le *do* n'est plus qu'un repos à la dominante.

L'altération peut être faite sans être précédée de la note naturelle,

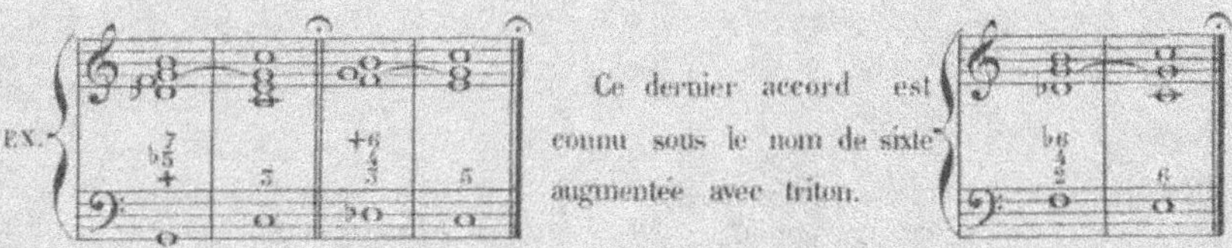

Ce dernier accord est connu sous le nom de sixte augmentée avec triton.

FIN DES ALTÉRATIONS DE LA SEPTIÈME DOMINANTE.

Accord de septième de sensible altéré.

L'accord de septième de sensible peut être altéré dans la tierce en montant, et en renversant l'intervalle de tierce diminuée en celui de sixte augmentée.

Cet accord est connu sous le nom de sixte augmentée avec triton ou quarte augmentée.

L'accord de septième de sensible considéré comme septième de seconde du mode mineur, peut être altéré dans la tierce en montant, en observant toujours de renverser la tierce diminuée en sixte augmentée.

Ce dernier accord est connu sous le nom de sixte augmentée avec triton ou quarte augmentée.

Accord de septième diminuée altéré.

L'accord de septième diminuée peut être altéré dans la tierce en descendant, mais il faut bien observer que cette altération ne s'emploie que sur les deux premiers renversements de la septième diminuée.

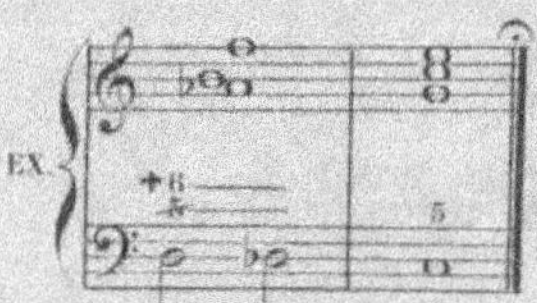

Cet accord est connu sous le nom de sixte augmentée avec la quinte.

Il faut bien remarquer que les deux quintes de suite que renferme l'exemple précédent sont tolérées pourvu qu'elles ne soient pas placées dans les parties extrêmes, c'est-à-dire entre la partie la plus aiguë et la plus grave.

On peut faire les deux renversements précédents sans faire précéder l'altération de sa note naturelle.

EX.

L'accord parfait qui suit l'altération de la septième diminuée, doit être majeur, car ce passage n'est qu'un repos à la dominante.

La prolongation d'une note étrangère à un accord n'empêche pas les notes de cet accord de subir les altérations dont elles sont susceptibles.

EX.

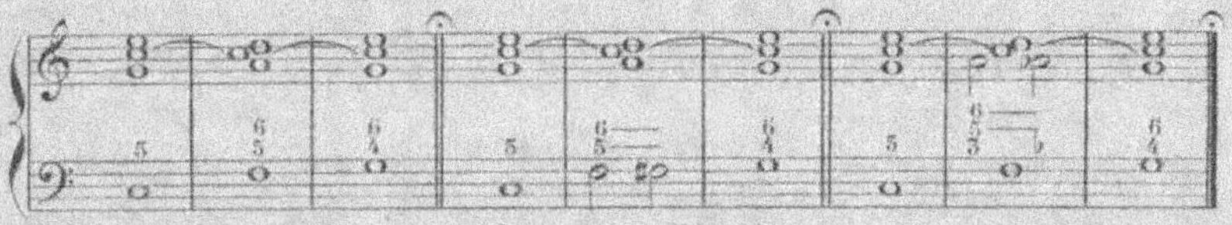

sans l'altération. Le même avec l'altération. encore avec une altération.

On peut altérer une, deux et même trois notes d'un accord, en conservant toujours la prolongation.

EX.

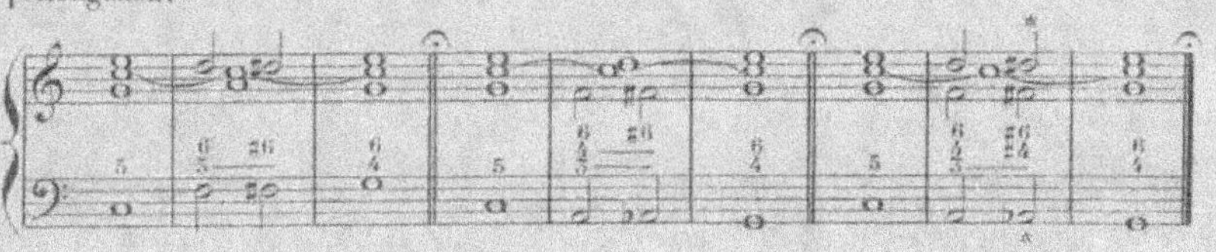

*Pour éviter l'intervalle de quarte augmentée qui existe du *la* ♭ au *ré* ♯ dans l'exemple précédent, on écrit *mi* ♭ au lieu de *ré* ♯: voyez l'exemple suivant.

EX.

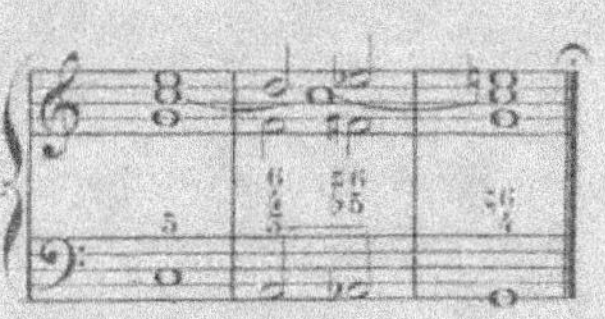

Remarques sur les altérations.

Quelquefois la nature du chant, ou quelqu'autre cause étrangère à la marche de l'harmonie, détermine le compositeur à altérer momentanément quelques notes des accords, au moyen d'un ♯, d'un ♭, ou d'un ♮ accidentel.

Toute altération qui se fait en y ajoutant un ♯ ou supprimant un ♭ doit se résoudre en montant. Toute altération qui résulte de l'addition d'un ♭ ou de la suppression d'un ♯ doit se résoudre en descendant. On peut altérer les intervalles des accords consonnants et dissonants, même lorsqu'ils sont affectés de quelque retardement.

Ce genre de modification ne change rien à la nature des accords, ni à leur marche.

NOTA: Dans les exemples que nous allons présenter, nous retrouverons les altérations que nous avons déjà vues, mais nous y joindrons de nouvelles remarques pour en rendre l'explication plus claire.

Altérations dans les accords consonnants.

Ce dernier exemple est très-dur et doit s'employer le moins possible; il vaut beaucoup mieux faire précéder l'altération de sa note naturelle qui, dans ce cas, ne doit jamais être trop prolongée.

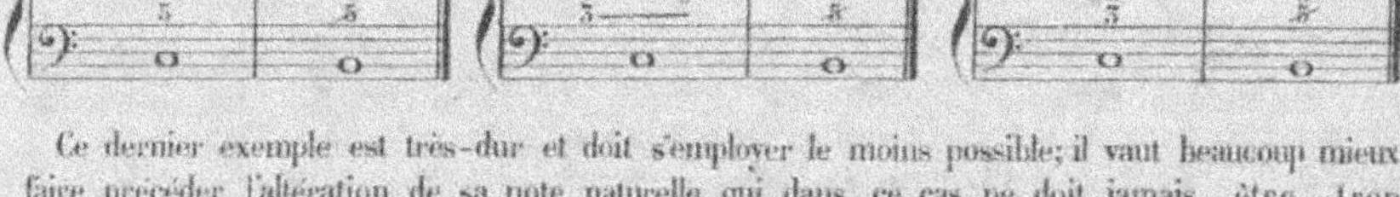

Des altérations dans les accords dissonants.

Accord de septième dominante sans altération.

Le même avec l'altération dans sa quinte en montant.

Le même où l'altération n'est pas précédée de sa note naturelle.

1er renversement de l'accord précédent sans altération.

Le même avec l'altération.

Le même où l'altération n'est pas précédée de sa note fondamentale.

2me renversement de la septième dominante sans altération.

Le même avec l'altération.

Le même où l'altération n'est pas précédée de sa note naturelle.

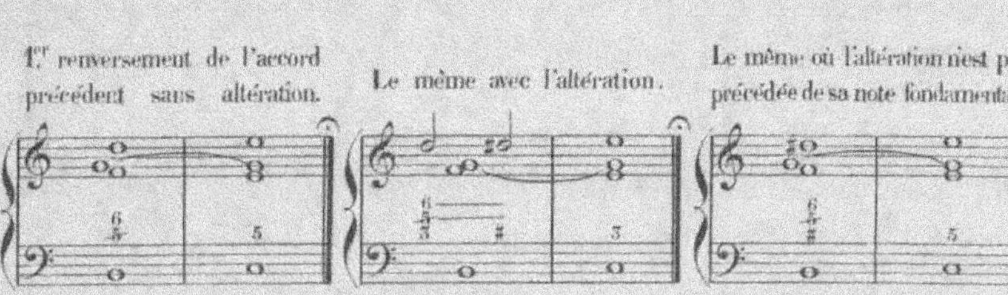

On voit, par les deux derniers exemples, que l'altération autorise quelquefois l'intervalle de tierce diminuée, mais on ne doit en faire usage que fort rarement, et que lorsqu'il est impossible d'attirer en même temps la tierce, ou de la présenter sous le renversement de sixte augmentée.

3me renversement de la septième dominante sans altération.

Le même avec l'altération.

Le même où l'altération n'est pas précédée de sa note naturelle.

Accord de septième dominante sans altération.

Le même avec l'altération dans sa quinte en descendant.

Le même où l'altération n'est pas précédée de sa note naturelle.

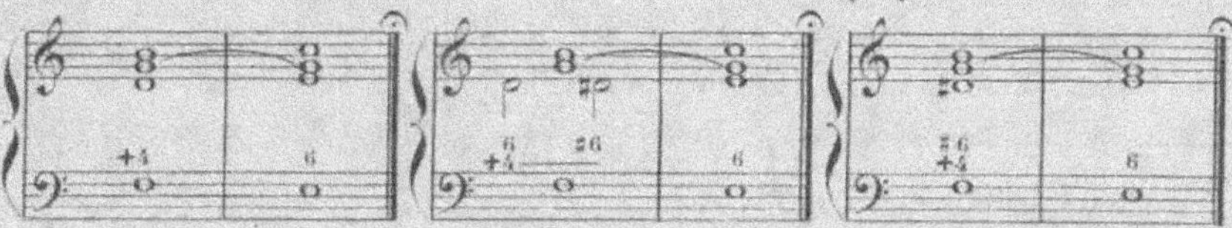

1.ᵉʳ renversement de la septième dominante avec l'altération.

Le même où l'altération n'est pas précédée de sa note naturelle.

2ᵐᵉ renversement de l'accord précédent avec l'altération.

Le même où l'altération n'est pas précédé de sa note naturelle.

3ᵐᵉ renversement de l'accord précédent avec l'altération.

Le même où l'altération n'est pas précédée de sa note naturelle.

Accord de septième de sensible sans altération.

Le même avec l'altération dans sa tierce en montant.

Le même où l'altération n'est pas précédée de sa note naturelle.

1ᵉʳ renversement de la septième de sensible sans altération.

Le même avec l'altération.

Le même où l'altération n'est pas précédée de sa note naturelle.

2ᵐᵉ renversement de la septième de sensible sans altération.

Le même avec l'altération.

Le même où l'altération n'est pas précédée de sa note naturelle.

Accord de septième diminuée sans altération.

Le même avec l'altération dans sa tierce en descendant.

Le même où l'altération n'est pas précédée de sa note naturelle.

Les deux derniers exemples doivent se pratiquer fort rarement et avec beaucoup de discernement à cause de l'intervalle de tierce diminuée. La même altération peut se faire dans le premier renversement de la septième diminuée, alors l'altération se trouve à la basse.

Altérations dans les accords affectés de retardement.

EXEMPLES.

EXEMPLES.

On prolonge quelquefois l'altération sur le premier temps de l'accord suivant et lorsque cette altération se fait par dièze ou suppression du bémol, la résolution se fait en montant, bien que la note altérée soit une dissonance, parce que cette note produit à l'oreille l'effet d'une note sensible accidentelle.

EXEMPLES.

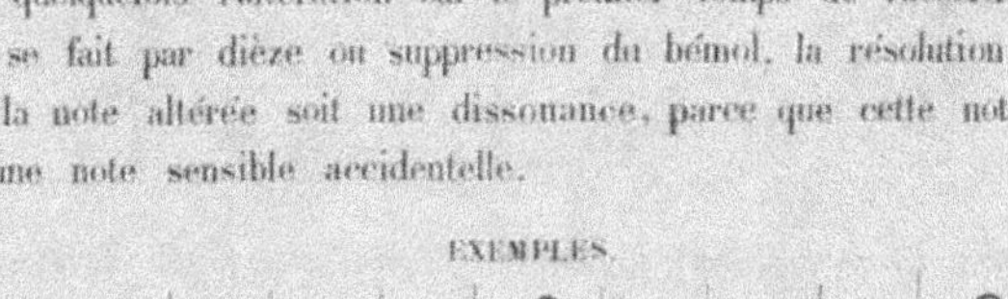

Il est bon de remarquer que toutes ces altérations ne sont praticables que pour le style instrumental, car elles présentent des difficultés d'intonation presque insurmontables aux voix.

ARTICLE XXVII.

DES CADENCES.

La cadence est la terminaison d'une phrase musicale sur un repos.

On nomme aussi cadence, la résolution d'un accord dissonant sur un accord consonant.

Il y a deux cadences principales: 1º la cadence à la tonique, 2º la cadence à la dominante.

La cadence sur la tonique termine le sens musical, et se nomme cadence finale ou parfaite.

La cadence sur la dominante suspend le sens musical sans le terminer.

La cadence parfaite se fait sur l'accord de la dominante résolu sur la tonique.

EXEMPLES.

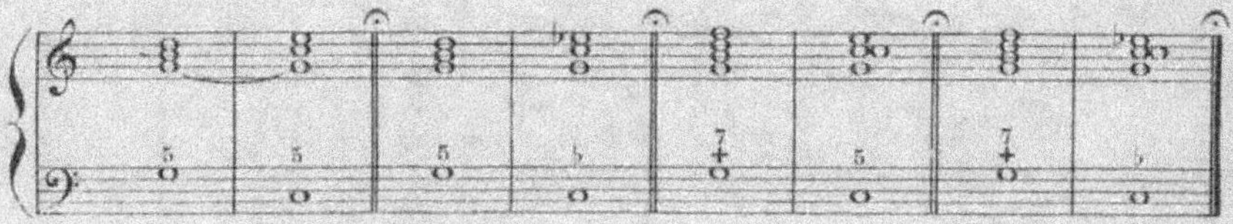

La résolution de la septième de sensible et de la septième diminuée sur la tonique, est aussi une cadence parfaite, mais on l'emploie rarement comme cadence parfaite.

EXEMPLES.

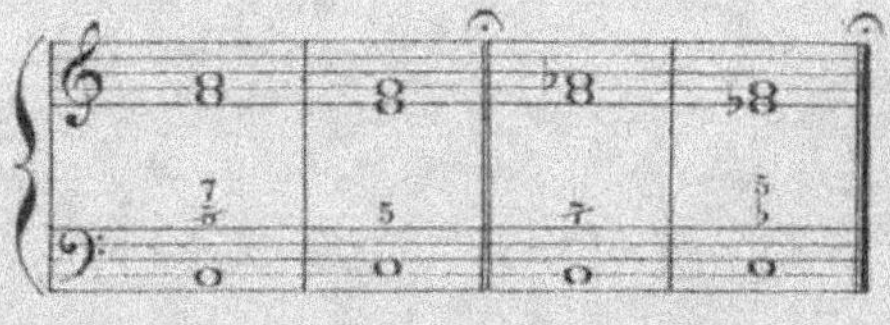

Les renversements de la septième dominante et de la septième diminuée qui sont résolus sur la tonique font aussi cadence parfaite, mais on ne les emploie que dans le courant d'une phrase et non pour finir un morceau.

EXEMPLES.

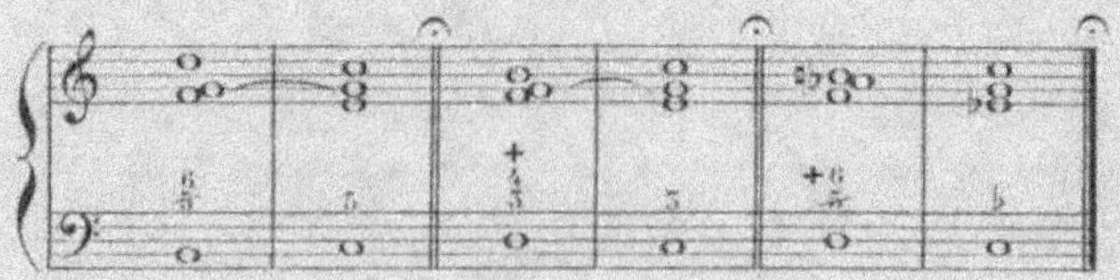

La cadence à la tonique peut être amenée par la sous - dominante portant accord parfait ou accord de sixte.

EXEMPLES.

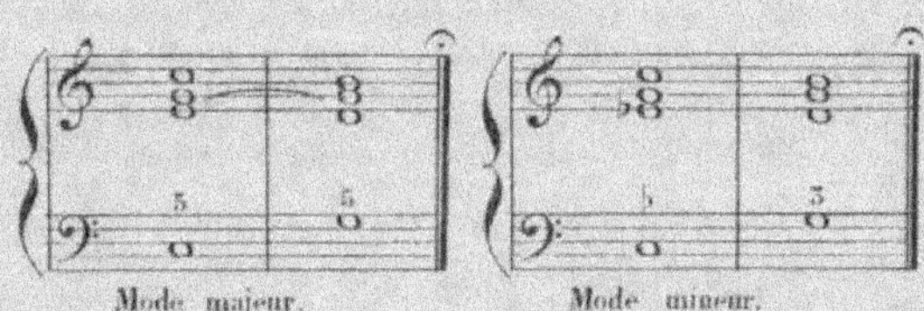

Cette cadence ne termine pas le sens musical comme la cadence parfaite amenée par la dominante; cependant elle est quelquefois employée comme finale dans la musique d'un genre religieux.

Elle se nomme *Cadence Plagale*.

La cadence à la dominante est le passage de la tonique faisant repos sur la dominante.

EXEMPLES.

La cadence à la dominante est aussi le passage de tout accord faisant repos sur la dominante. Elle n'est point un repos final, elle ne fait que suspendre le sens musical.

EXEMPLES.

Dans le mode mineur, le repos à la dominante se fait toujours sur l'accord parfait majeur.

EXEMPLES.

Des cadences évitées.

On peut éviter, interrompre ou rompre la cadence parfaite, en changeant la résolution de la septième dominante qui annonce cette cadence.

La cadence s'évite en ajoutant la septième mineure à l'accord parfait majeur, sur lequel devait s'établir le repos, c'est-à-dire, en faisant de la tonique une dominante portant septième, ce qui produit deux septièmes dominantes de suite, descendant par quintes.

On peut continuer à éviter cette cadence et faire une suite de septièmes dominantes descendant par quintes.

Il faut observer qu'on change de ton, chaque fois qu'on fait succéder une dominante à une autre.

Dans le mode mineur, la succession des septièmes dominantes se fait comme dans le mode majeur, ainsi l'exemple précédent qui est dans le mode majeur peut s'employer aussi dans le mode mineur; mais on peut, si l'on veut, dans le mode mineur seulement substituer les septièmes diminuées produites par ces septièmes en observant que toutes les parties doivent descendre par demi-ton.

Cela amène le genre chromatique.

De la cadence interrompue.

La cadence parfaite s'interrompt en faisant succéder à la septième dominante qui annonce la cadence, une autre septième dominante dont le son fondamental sera une tierce au-dessous de la première

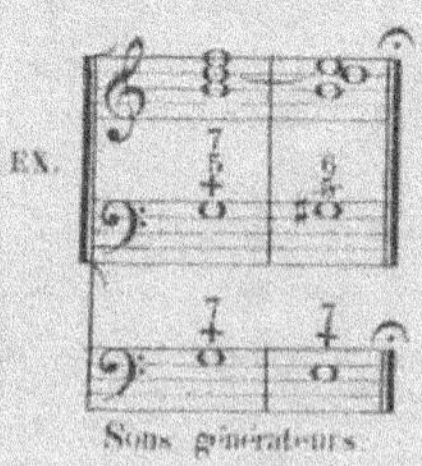

On peut se servir du même moyen et continuer d'interrompre la cadence, et faire une suite de septièmes dominantes, dont chaque son générateur descendra de tierce.

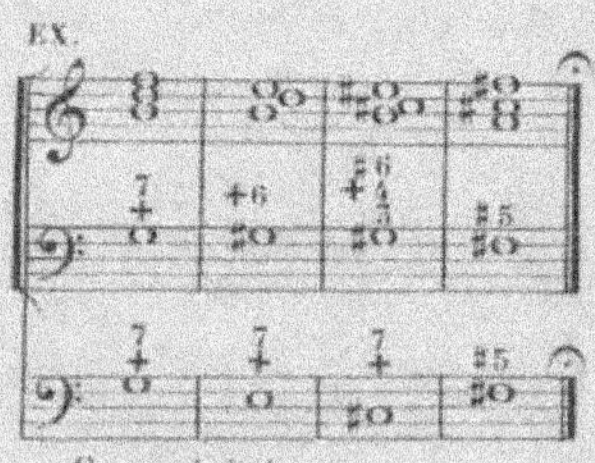

Dans le mode mineur, on peut employer les septièmes diminuées au lieu des sep- tièmes dominantes. Cette succession a - mène le genre enharmonique.

EX.

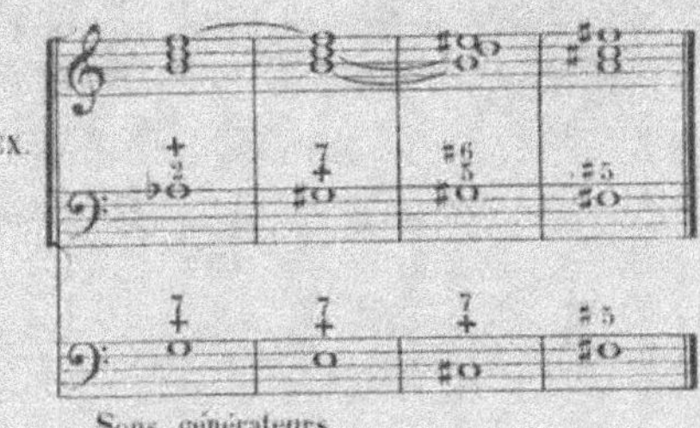

On interrompt aussi la cadence parfaite, en faisant suc- céder à la septième dominante, une autre septième do- minante dont le son générateur sera une tierce au‑des- sus de la première.

EX.

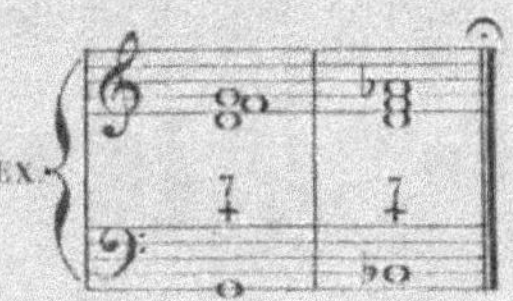

Dans le mode mineur on peut employer les septièmes diminuées au lieu des septièmes dominantes.

EX.

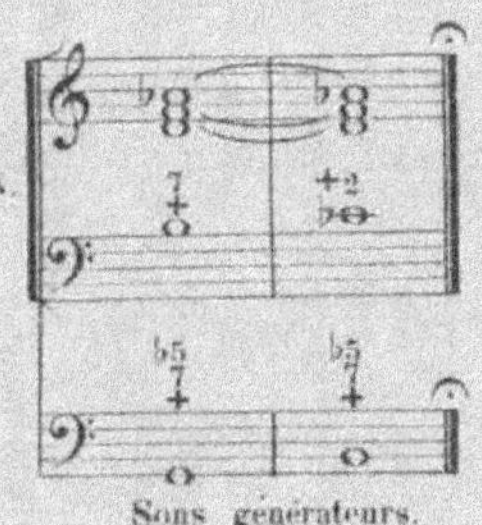

On interrompt encore la cadence parfaite en faisant succéder à la septième dominante, une autre septième dominante dont le son généra- teur sera une seconde au-dessus de la première.

EX.

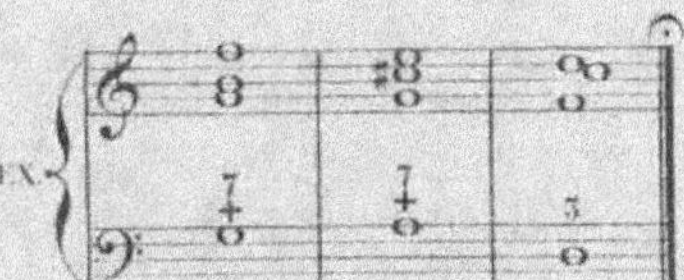

Dans le mode mineur, on peut employer les septièmes diminuées au lieu des sep- tièmes dominantes.

EX.

Cadence rompue.

La cadence parfaite se rompt en faisant succéder à la septième dominante, un accord consonnant autre que celui de la tonique, que cette septième avait annoncé.

Cette manière de rompre la cadence est la plus usitée.

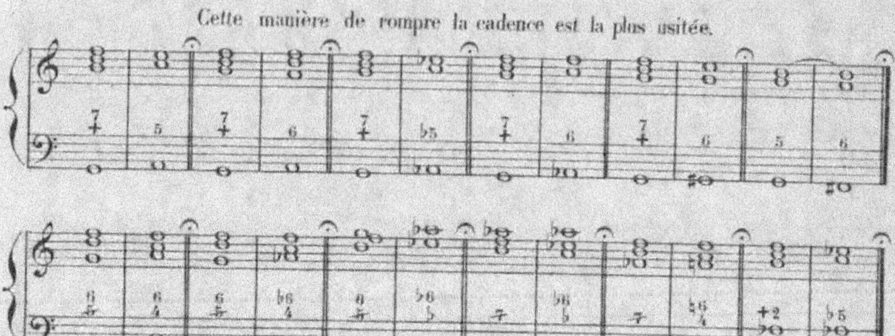

Cadence parfaite dans le mode mineur.

Marche de Basse pour amener le repos à la dominante.

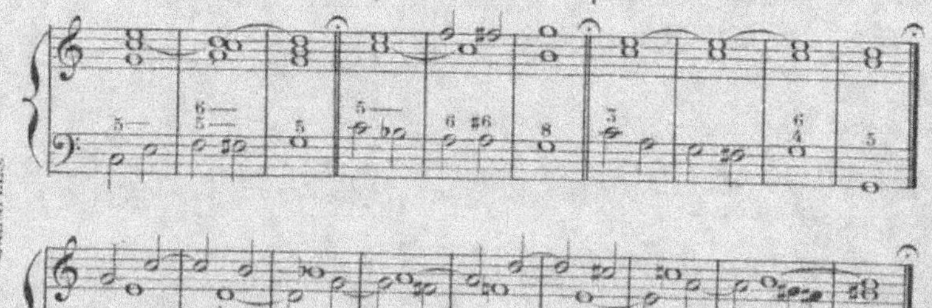

Suite de Cadences évitées.

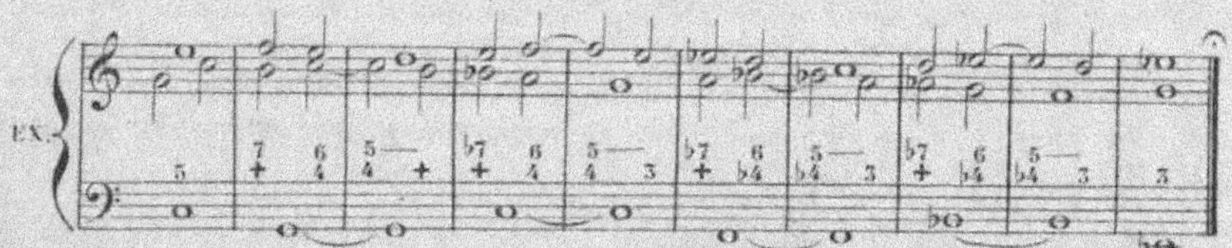

Suite de Cadences rompues.

Règle de l'octave dans le mode majeur avec les seuls accords naturels.

Même marche que la précédente avec dissonance de quinte sur la quatrième note en montant.

La même dans le mode mineur.

ARTICLE XXVIII.
DE LA PÉDALE.

La pédale se fait sur la tonique et sur la dominante.

La pédale est un son prolongé dans la basse, sur lequel on fait entendre une suite d'accords étrangers à cette même basse, mais qui doit commencer, alterner et finir, par une note réelle du premier et dernier accord.

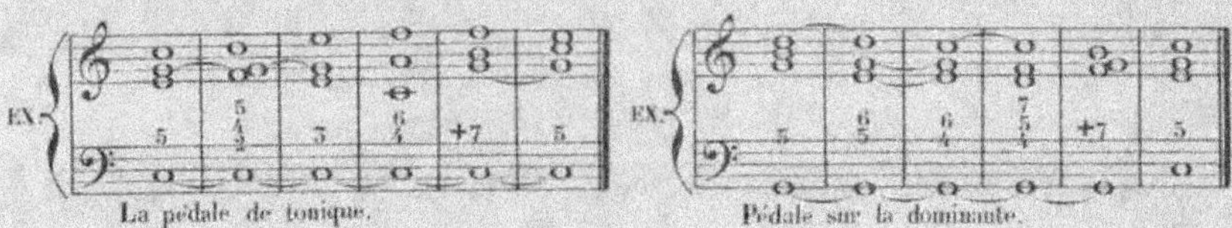

Une pédale peut être formée au milieu ou à l'aigu de l'harmonie, si le son prolongé fait partie de l'accord suivant.

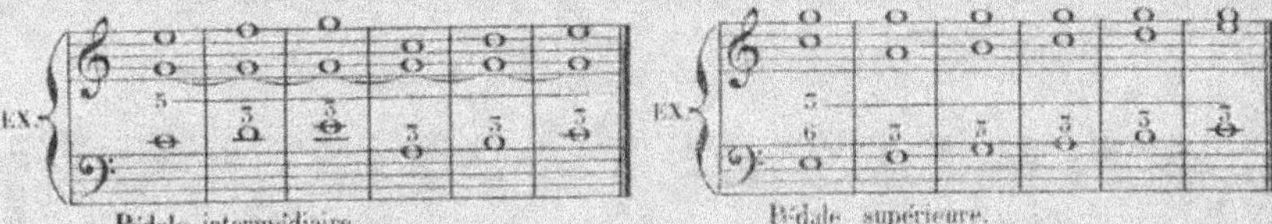

Il ne faut pas confondre une *tenue* avec une *pédale*. La pédale est une note qui devient alternativement note réelle et note accidentelle, tandis que la tenue est une note réelle de tous les accords.

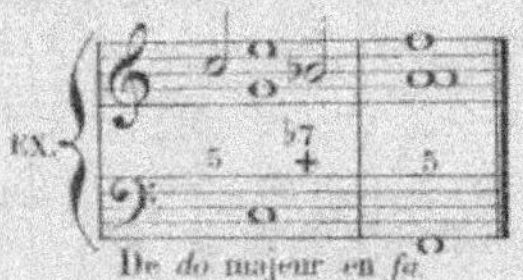

La pédale s'emploie le plus souvent sur la *tonique* ou sur la dominante d'un ton majeur ou mineur, mais chaque ton relatif peut cependant employer la pédale.

Pour qu'une pédale soit bonne, il faut qu'elle devienne autant de fois note réelle que note accidentelle; il faut aussi que le premier et le dernier accord ne soient pas renversés, et que par conséquent la pédale soit toujours la note *principale* ou *fondamentale*.

Il y a des pédales très-courtes (une seule mesure) qui n'emploient que la 7me dominante et l'accord parfait.

ARTICLE XXIX.
DES MODULATIONS.

Les musiciens savent tous que *moduler* signifie: passer d'une gamme à une autre gamme; *moduler* veut dire unir ou lier différents tons ou différentes gammes.

Il est des tons qui sans accords intermédiaires se lient parfaitement.

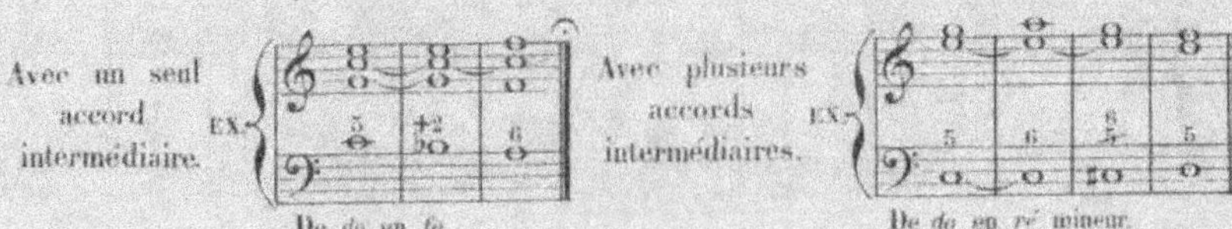

Il en est d'autres qui reçoivent *un* ou *plusieurs* accords intermédiaires.

Avec un seul accord intermédiaire EX.

Avec plusieurs accords intermédiaires EX.

La règle la plus importante et dont il ne faut jamais s'écarter, est de satisfaire l'oreille, c'est pour atteindre ce but que les règles sont créées.

Pour bien établir une modulation ou un nouveau ton, il faut faire entendre sa note sensible, et s'attacher de la faire suivre de la tonique.

Il faut aussi, au moins, une note commune qui serve de liaison entre le ton que l'on quitte, et le ton où l'on entre.

Les tons sont relatifs quand le nombre d'accidents à la clef est le même, comme: *sol* majeur et *mi* mineur, *fa* majeur et *ré* mineur ou *la* mineur et *do* majeur.

Ils sont encore relatifs quand ils diffèrent d'un seul accident à la clef soit en plus soit en moins, comme: *sol* majeur et *ré* majeur, ou *sol* majeur et *do* majeur.

On peut donc, avec un accord intermédiaire, aller résolument dans les tons relatifs parce qu'ils ont entr'eux des rapports intimes qui les lient.

On peut aller de *sol* majeur en *mi* mineur, en *ré* majeur ou en *do* majeur.

EX. Modulations à la tierce inférieure.   Modul. à la quarte inférieure.   Modul. à la quinte inférieure.

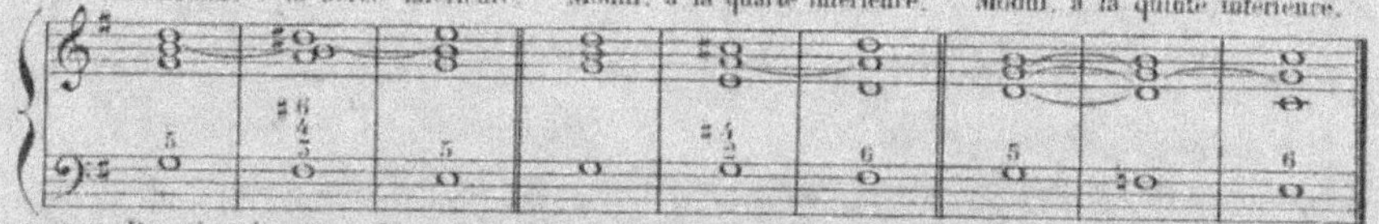

De *sol* majeur en *mi* mineur.   De *sol* majeur en *ré* majeur.   De *sol* majeur en *do* mineur.

EX. Modulations à la tierce inférieure.   Modul. à la quarte inférieure.   Modul. à la quinte inférieure

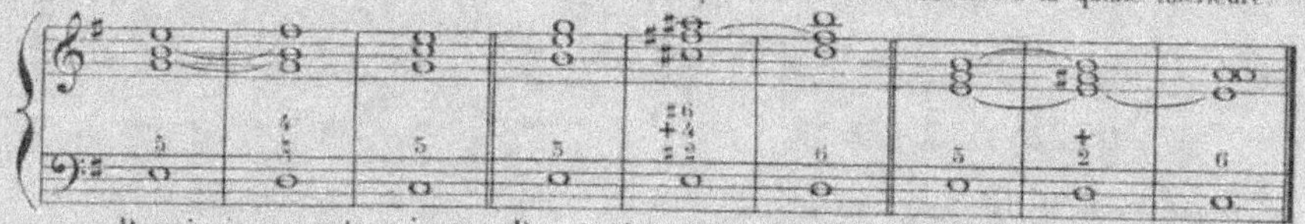

De *mi* mineur en *do* majeur.   De *mi* mineur en *si* mineur.   De *mi* mineur en *la* mineur.

Les modulations les plus faciles et les plus naturelles, sont celles qui passent du majeur au relatif mineur, ou du mineur au relatif majeur, de même que celles qui marchent par quintes descendantes déterminent franchement le ton nouveau en ajoutant la septième dominante après l'accord parfait majeur, ce qui forme la cadence parfaite.

EX.

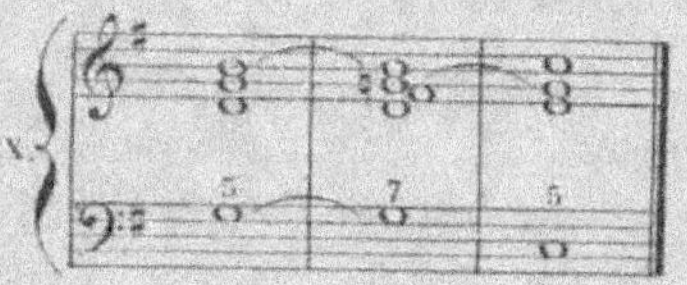

La modulation par quinte ascendante oblige la septième dominante à précéder l'accord parfait du ton dans lequel on entre.

EX.

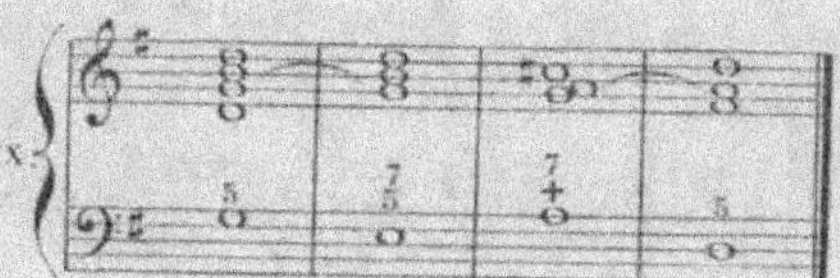

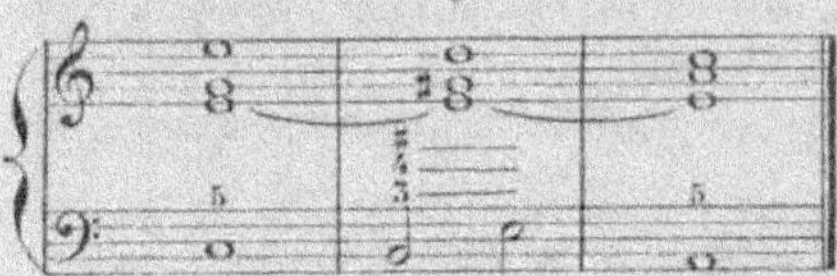

Modulations sans accident.

Ton relatif de *do* majeur en *la* mineur.

Modulations à la tierce inférieure.

Modulations avec un accident (♯).

Ton relatif de *do* majeur en *sol* majeur.

Modulations à la quinte supérieure.

Modulations avec un accident (♭).

Ton relatif de *do* majeur en *fa* majeur.

Modulations à la quinte inférieure.

Modulations avec deux accidents (2♯).

Ton non relatif de *do* majeur en *ré* majeur.

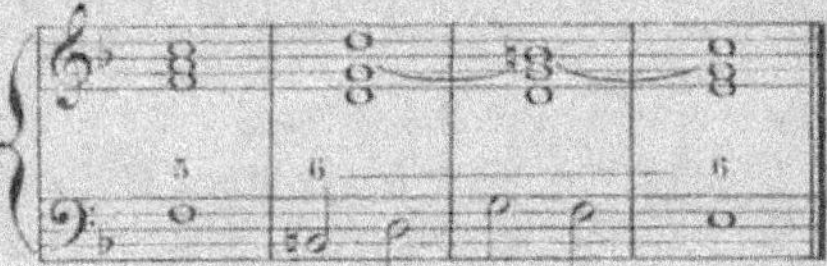

Modulations sans accident.

Ton relatif de *la* mineur en *do* majeur.

Modulations à la tierce supérieure.

Modulations avec un accident (♮).

Ton relatif de *sol* majeur en *do* majeur.

Modulations à la quinte inférieure.

Modulations avec un accident (♮).

Ton relatif de *fa* majeur en *do* majeur.

Modulations à la quinte supérieure.

Modulations avec deux accidents (2♮).

Ton non relatif de *ré* majeur en *do* majeur.

La modulation avec deux accidents est une modulation des plus délicates à traiter, on ne saurait trop employer les accords intermédiaires pour ne pas la brusquer, et surtout, de donner assez de durée aux accords intermédiaires, pour éviter un effet qui serait bizarre ou étranglé.

Modulations avec trois accidents (3♭).

De *do* majeur en *mi* ♭ majeur.

Modulations avec trois accidents (3♮).

De *mi* ♭ majeur en do majeur.

Modulations avec quatre accidents (4♭).
De *do* majeur en *la* ♭ majeur.

Modulations avec quatre accidents (4♯).
De *la* ♭ majeur en *do* majeur.

Modulations avec cinq accidents (5♯).
De *do* majeur en *si* majeur.

Modulations avec cinq accidents (5♭).
De *si* majeur en *do* majeur.

Modulations avec six accidents (6♭).
De *do* majeur en *sol* ♭ majeur.

Modulations avec six accidents (6♯).
De *sol* ♭ majeur en *do* majeur.

(1)

Modulations avec sept accidents (7♯)
De *do* majeur en *do*♯ majeur.

Modulations avec sept accidents (7♭).
De *do*♯ majeur en *do*♯ majeur.

(2)

On peut, sans accords intermédiaires, changer de ton, à la tierce, à la quarte et à la quinte inférieure.

On peut aussi, sans changer de ton, changer de mode; aller de *sol* majeur en *sol* mineur, ou bien de *sol* mineur en *sol* majeur.

On peut encore, si l'on désire produire un grand effet, aller par exemple de *do* majeur tonique, en *ré* ♭ majeur, de *do* majeur tonique en *la* ♭ majeur. Mais ce grand contraste ne peut avoir lieu qu'une seule fois dans un morceau suffisamment développé.

Une situation théâtrale exige quelquefois, après le ton de *do* majeur par exemple, de commencer par le ton de *ré* ♭ majeur.

---

(1) Transition enharmonique.
(2) Voyez un peu plus loin l'explication du mot *enharmonique*.

108

Excepté ces cas, il est d'une grande importance de lier les gammes par des accords intermédiaires suffisamment développés, c'est le seul moyen, comme nous l'avons déjà dit, pour posséder l'art de bien moduler.

Les modulations composées sont celles qui exigent plusieurs accords intermédiaires pour arriver à un ton plus ou moins éloigné.

Exemple de do majeur en la♭ majeur.

De do majeur en *fa* majeur. — De *fa* maj, en *ré* min. — De *ré* min en *sol* min. — De *sol* min en *mi*♭ maj. — De *mi*♭ majeur *la*♭ maj.

Les modulations qui augmentent en bémols sont plus faciles à réaliser que celles qui augmentent en dièzes.

Deux gammes qui n'ont aucun rapport de tonalité, peuvent par un très-long silence, ou par un point d'Orgue, ce qui revient au même, se marier avec beaucoup de charme.

Exemple de la majeur en fa majeur.

Deux notes différemment écrites, mais semblables à l'oreille se désignent par le nom de *enharmonique*. EX. Il y a pourtant une différence de 9me de ton que l'on appelle *comma* qu'une oreille exercée peut seule apprécier.

La transition enharmonique s'emploie très-souvent dans les modulations. (Voyez la 1re modulation sixième accolade 4e mesure et la 2e modulation 7e accolade 3e mesure) La septième dominante peut devenir sixte augmentée.

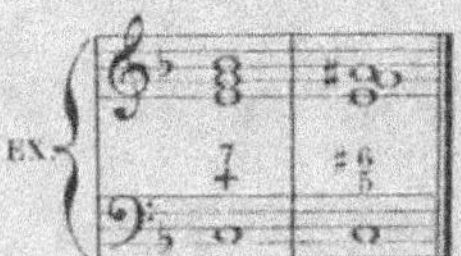

La sixte augmentée peut devenir septième dominante.

Une septième diminuée représente par l'emploi de la transition enharmonique, trois autres septièmes diminuées.

Les modulations enharmoniques peuvent donc par leur emploi réaliser toutes les modulations, attendu que trois 7.mes diminuées différentes forment par les enharmoniques, les douze tonalités du cercle musical.

Il y a une formule générale au moyen de laquelle ou peut faire toutes les modulations (soit rapprochées soit éloignées)

Exemple pour aller 1.º en *ré♭* majeur, 2.º en *do* mineur, venant d'un autre ton.

ou bien.

Il suffit donc d'arriver sur le premier accord de cette formule chose très-facile.

Exemple pour aller de *la* mineur en *do* majeur ou *do* mineur.

ou bien.

De *ré♭* majeur en *do* majeur ou *do* mineur.

Les modulations dans le système musical sont d'une immense variété, il ne faut pas en abuser, c'est donc la mélodie qu'il faut consulter pour ce qui précède, ou suit une bonne modulation.

ARTICLE XXX.

STÉNOGRAPHIE MUSICALE (OU MANIÈRE DE CHIFFRER LA BASSE)

La basse chiffrée est la représentation de l'harmonie placée au-dessus de la basse.

Cette méthode attribuée à **Ludovico Viadana** dans le dix-septième siècle est généralement adoptée par tous les grands maîtres; nous croyons donc que ce système, malgré quelques changements que l'on a cherché à y introduire, est encore le plus simple des moyens graphiques connus dans tous les pays.

Les chiffres indiquent les intervalles. 2 suppose une seconde, 3 une tierce, de même pour les autres chiffres.

EXEMPLES.

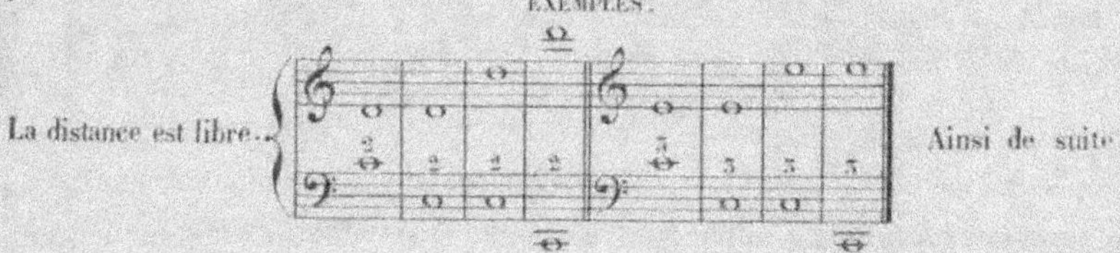

La distance est libre..   Ainsi de suite.

Il y a huit chiffres dont on se sert: 2, 3, 4, 5, 6, 7, 8, 9. Dans les cas particuliers, on se sert aussi des numéros 1, 10, 11, 12, 13, 14, 15. le 3 signifie accord parfait complet. il en est de même pour le 5 et le 8, il résulte de ce fait, qu'un chiffre en suppose un autre et très-souvent deux.

Une phrase, sans être chiffrée, doit être exécutée par la basse sans accord, c'est ce que signifie l'expression de *tasto solo*. Mais si une seule note est sans chiffre, il faut la considérer comme accord parfait.

L'altération des intervalles s'indique par le ♯, le ♭, et le ♮ que l'on place avant ou après le chiffre. Exemple ♯5, ♭6, ♮7, ou bien 5♯, 6♭, 7♮ ces trois accidents ont leur effet ordinaire, on peut indiquer plus brièvement la même altération par un petit trait: 4, 5, 6, ce qui remplace le ♯4, ♯5, ♯6, ce petit trait ne s'emploie que pour ces trois chiffres.

La croix + indique une note sensible ou un intervalle augmenté.

On indique l'altération contraire, c'est-à-dire diminuée par une petite barre placée de cette manière 5 et 7 cela signifie quinte diminuée et septième diminuée.

Les chiffres peuvent se prolonger plus ou moins par le moyen d'une ou plusieurs lignes qui s'étendent sur la basse.

On peut répéter les chiffres au lieu des barres.

On est convenu pour l'intervalle de tierce de supprimer le 3 et de mettre seulement ♯, ♭, ♮ au-dessus de la basse.

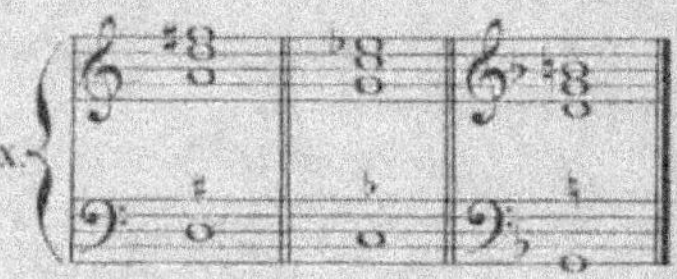

Les accords parfaits, dans le premier renversement, se chiffrent avec un 6 ou bien avec un $\frac{6}{3}$. Les accords parfaits, dans le second renversement, se chiffrent toujours par un $\frac{6}{4}$.

Il est évident que partout où les accidents seront nécessaires, il faudra les placer à côté des chiffres. EX.

Le sept precédé d'une +7 sous-entend la septième dominante sur la tonique, alors l'on évite les chiffres $\begin{smallmatrix}+7\\5\\4\\2\end{smallmatrix}$ qu'il faudrait placer sur la note. EX.

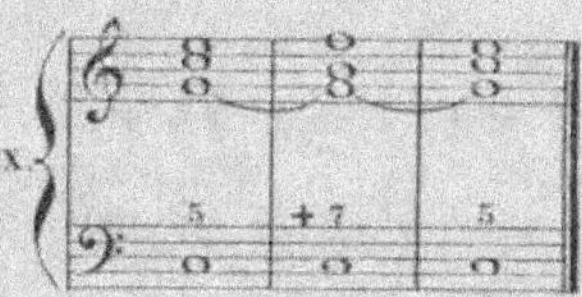

Les unissons s'indiquent par les 8. EX.

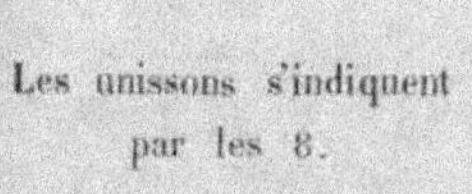

Si une dissonance fait sa résolution sur l'octave, il faut chiffrer par un 8 l'accord parfait. EX.

Si une dissonance fait sa résolution sur la tierce, il faut chiffrer par un 3 l'accord parfait.

EX. De même.

On chiffre une suite de tierce par un 3. EX.

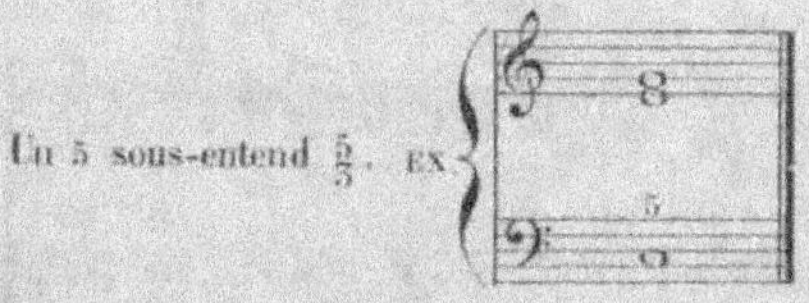

Un 5 sous-entend $\frac{5}{3}$. EX.

Un 6 sous-entend $\frac{6}{3}$. EX.

Deux chiffres en sous-entendent un autre.

$\frac{4}{3}$ sous-entendent $\begin{smallmatrix}6\\4\\3\end{smallmatrix}$ EX.

De même $\frac{6}{3}$ sous-entendent $\begin{smallmatrix}6\\5\\3\end{smallmatrix}$ EX.

Les unissons s'indiquent par des 8. EX.

$\frac{4}{2}$ sous-entendent $\begin{smallmatrix}6\\4\\2\end{smallmatrix}$ EX.

$\frac{9}{7}$ sous-entendent $\begin{smallmatrix}9\\7\\5\\3\end{smallmatrix}$ EX.

La + au-dessus du 2 indique la quarte et la sixte. EX.

La + au-dessus du $\frac{4}{3}$ indique la sixte. EX.

EX.

La + devant un intervalle indique l'altération de cet intervalle.

La Pédale se chiffre ordinairement dans l'ordre des parties de l'harmonie, et la partie placée au-dessus de la pédale est considérée comme une seconde basse.

EXEMPLE.

L'accord parfait se chiffre ainsi.

Le choix du chiffre est déterminé par la note précédente ou la note suivante de l'accord chiffré.

Son premier renversement se chiffre par un 6 ou par un $\frac{6}{3}$, selon ce qui précède ou ce qui suit. EX.

Son second renversement se chiffre toujours par $\frac{6}{4}$.

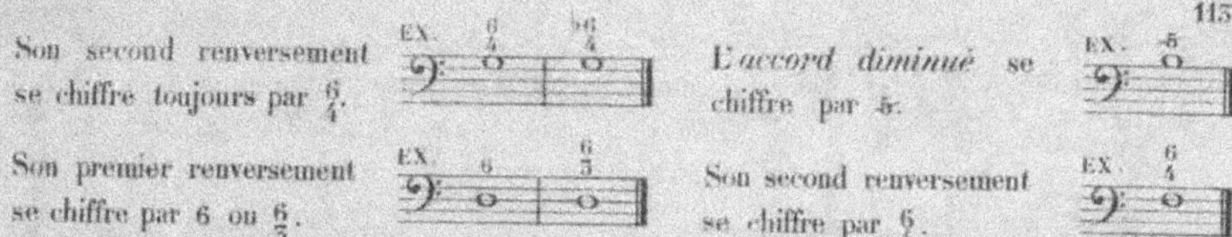

L'*accord diminué* se chiffre par 5.

Son premier renversement se chiffre par 6 ou $\frac{6}{3}$.

Son second renversement se chiffre par $\frac{6}{4}$.

De même que l'accord parfait, l'accord diminué s'indique par les mêmes chiffres, en observant toutefois, de placer les accidents qui peuvent être nécessaires à ces chiffres, comme les ♯, ♮ ou ♭.

L'accord de *quinte augmentée* se chiffre par ♯5, ou 5, ou ♮5 selon la tonalité.

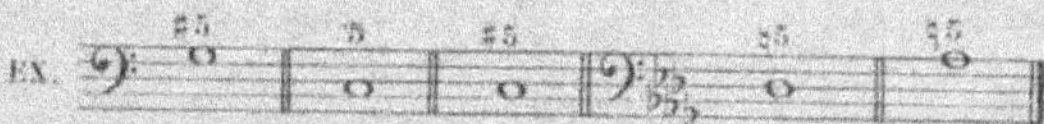

Comme la note altérée de la quinte de cet accord est prise hors de la gamme, il faut toujours l'indiquer par ♯5, ou 5, ou ♮5 selon la tonalité.

Son premier renversement se chiffre par $\frac{6}{♯}$.

Comme il serait possible de confondre cet accord avec un autre (do ♯ mineur par exemple) il faut, par précaution, placer le bécarre devant le 6.

Le second renversement se chiffre par $\frac{6}{♯4}$.

Tous les accords de *septième* dans la position fondamentale se chiffrent par 7, ou $\frac{7}{4}$, ou $\frac{7}{5}$, ou $\frac{7}{5}$.

Les premiers renversements se chiffrent par $\frac{6}{5}$, ou $\frac{6}{5}$.

Les seconds renversements se chiffrent par $\frac{4}{3}$, ou $\frac{6}{4}$.

Les troisièmes renversements se chiffrent par 2, ou $\frac{4}{2}$, ou $\frac{6}{4}$.

Il faut donc ajouter les accidents nécessaires aux chiffres des différentes espèces de septièmes.

L'accord de *neuvième majeure* se chiffre par 9, ou $\frac{9}{7}$.

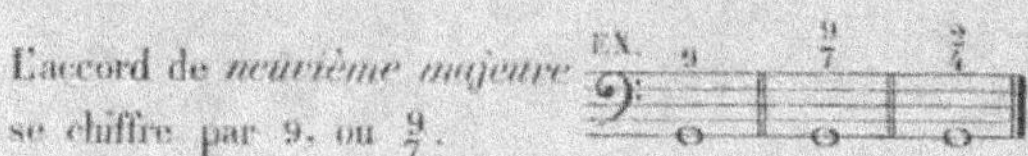

Cet accord s'emploie toujours avec la neuvième dans la partie supérieure et souvent sans sa note fondamentale; il faut donc dans les renversements de cet accord, indiquer la suppression de la note fondamentale pour ne pas confondre cet accord avec celui de septième de troisième espèce.

Son premier renversement se chiffre par $\frac{7}{6}{5}$. Il faut retrancher la tierce de cet accord.

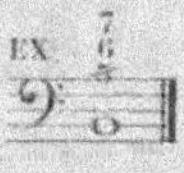

Son deuxième renversement se chiffre par $\frac{+6}{5}{4}{3}$ ou $\frac{12}{6}{5}$ de cette manière, il est préférable sans la note fondamentale. Ce renversement est peu usité.

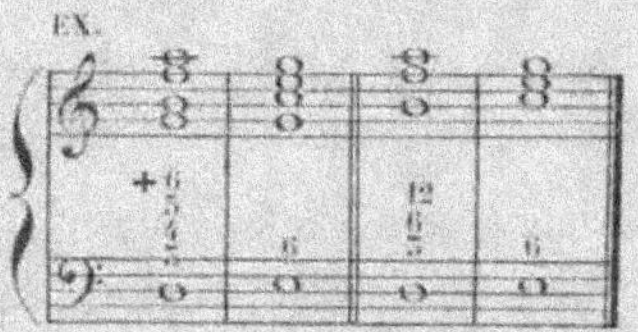

préférable.

Son troisième renversement se chiffre par $\frac{+4}{3}{2}$ ou $\frac{10}{6}{4}$.

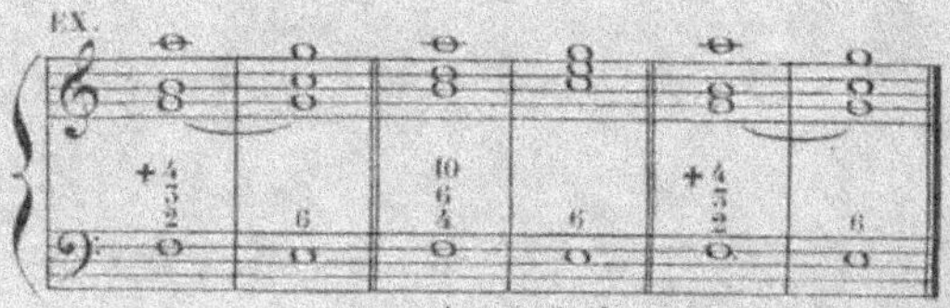

sans la note fond. sans la sixte.

L'accord de *neuvième mineure* se chiffre par $\frac{9}{7}{+}$.

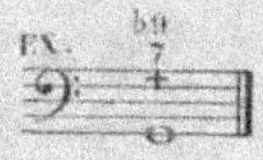

Son premier renversement se chiffre par $\frac{7}{6}{5}$ ou ♭7.

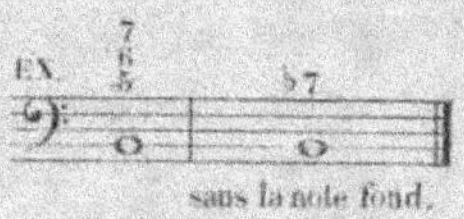

sans la note fond.

Son deuxième renversement se chiffre par $\frac{+6}{5}{4}$ ou $\frac{+6}{5}{3}$.

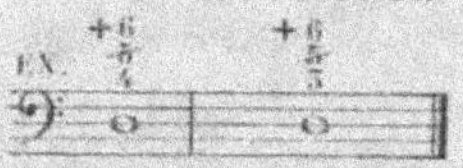

sans la note fond.

Son troisième renversement se chiffre par $\frac{+4}{♭3}{2}$ ou $\frac{+4}{♭3}{2}$.

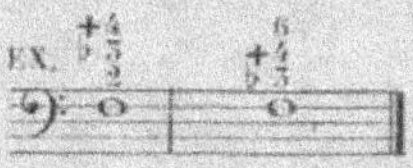

sans la note fond.

Son quatrième renversement se chiffre par $\frac{6}{4}{2}$.

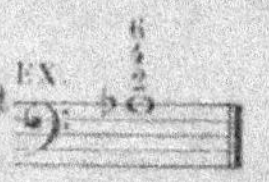

sans la note fond.

L'accord de *sixte augmentée* se chiffre par $\frac{♯6}{♭5}$.

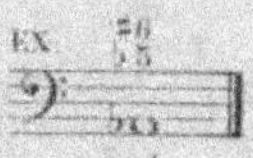

en do.

L'accord de *quinte augmentée* avec *septième mineure* se chiffre par $\frac{♯12}{7}$.

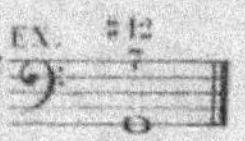

en do.

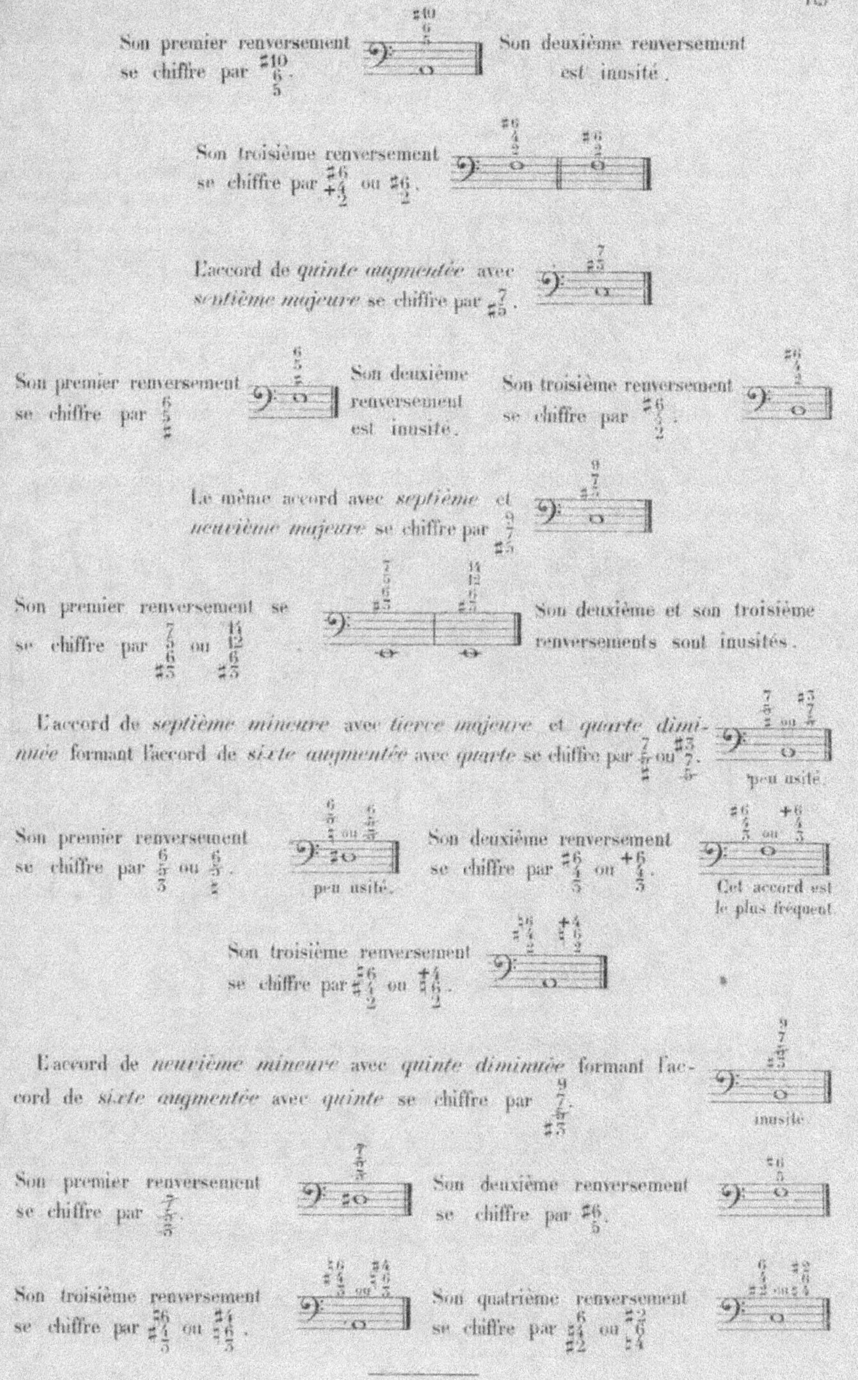

Son premier renversement se chiffre par $\sharp 10 \atop 6 \atop 5$.

Son deuxième renversement est inusité.

Son troisième renversement se chiffre par ${\sharp 6 \atop +4 \atop 2}$ ou ${\sharp 6 \atop 2}$.

L'accord de *quinte augmentée* avec *septième majeure* se chiffre par $7 \atop \sharp 5$.

Son premier renversement se chiffre par ${6 \atop 5 \atop \sharp}$.

Son deuxième renversement est inusité.

Son troisième renversement se chiffre par ${\sharp 6 \atop 3 \atop 2}$.

Le même accord avec *septième* et *neuvième majeure* se chiffre par ${9 \atop 7 \atop \sharp 5}$.

Son premier renversement se chiffre par ${7 \atop 6 \atop \sharp 5}$ ou ${14 \atop 12 \atop 6 \atop \sharp 5}$.

Son deuxième et son troisième renversements sont inusités.

L'accord de *septième mineure* avec *tierce majeure* et *quarte diminuée* formant l'accord de *sixte augmentée* avec *quarte* se chiffre par ${7 \atop 4 \atop \sharp}$ ou ${\sharp 3 \atop 7 \atop 4}$. peu usité.

Son premier renversement se chiffre par ${6 \atop 5 \atop 3}$ ou ${6 \atop 5 \atop \sharp}$. peu usité.

Son deuxième renversement se chiffre par ${\sharp 6 \atop 4 \atop 3}$ ou ${+6 \atop 4 \atop 3}$. Cet accord est le plus fréquent.

Son troisième renversement se chiffre par ${\sharp 6 \atop 4 \atop 2}$ ou ${+4 \atop 6 \atop 2}$.

L'accord de *neuvième mineure* avec *quinte diminuée* formant l'accord de *sixte augmentée* avec *quinte* se chiffre par ${9 \atop 7 \atop \sharp 3}$. inusité

Son premier renversement se chiffre par ${7 \atop 6 \atop 5}$.

Son deuxième renversement se chiffre par ${\sharp 6 \atop 5}$.

Son troisième renversement se chiffre par ${\sharp 6 \atop 4 \atop 3}$ ou ${\sharp 4 \atop 6 \atop 3}$.

Son quatrième renversement se chiffre par ${6 \atop 4 \atop 2}$ ou ${\sharp 2 \atop 6 \atop 4}$.

ARTICLE XXXI.

TABLEAU SYNOPTIQUE

DES NOTES *PERMISES* OU *DÉFENDUES* DANS LA *PARTIE SUPÉRIEURE*.

En majeur (les notes défendues sont en noires).

La position extrème de la partie supérieure se soumet à des règles indiquées ci-après.

Accords parfaits fondamentaux.

Partie supérieure
notes permises.

Basse fondamentale.

Il faut remarquer que le *mi* 3.ᵉ degré et le *si* 7.ᵉ degré ne sont pas indiqués dans ce tableau. 1.º le *mi* fera toujours désirer, *sol* ♯ (attraction de *la* mineur) et le *si* fera toujours sous-entendre *sol* ♮ (7.ᵐᵉ dominante de *do* majeur) ce qui les exclut des accords parfaits.

Partie supérieure
notes permises.

1.ᵉʳ renversement.

Partie supérieure
notes permises

2.ᵉ renversement.

(1) Permis par le mouvement contraire avec la basse.

Une marche harmonique permet dans la partie supérieure toutes les notes de l'accord indistinctement.

Septième dominante première espèce.

Partie supérieure
notes permises.

Basse.

Accord fondamentale.   1.ᵉʳ renv.   2.ᵉ renv.   3.ᵉ renv.

(2) Le deuxième renversement exige trois notes en mouvement contraire.

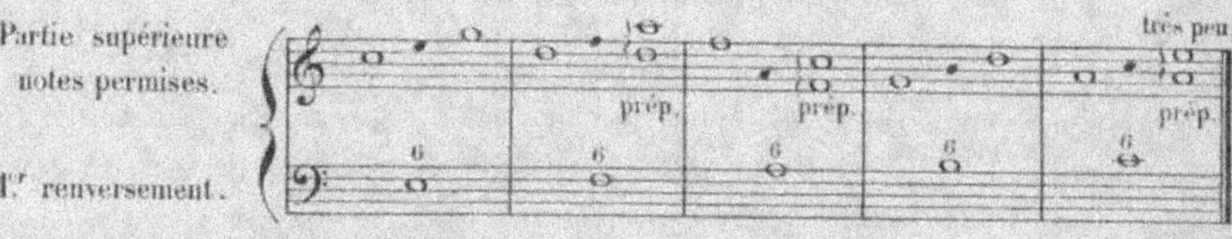

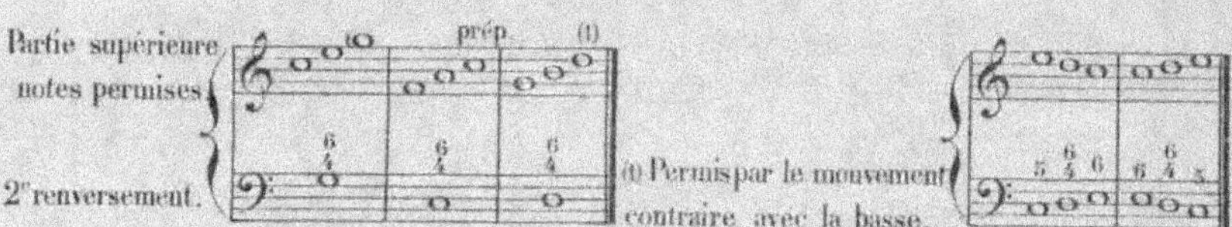

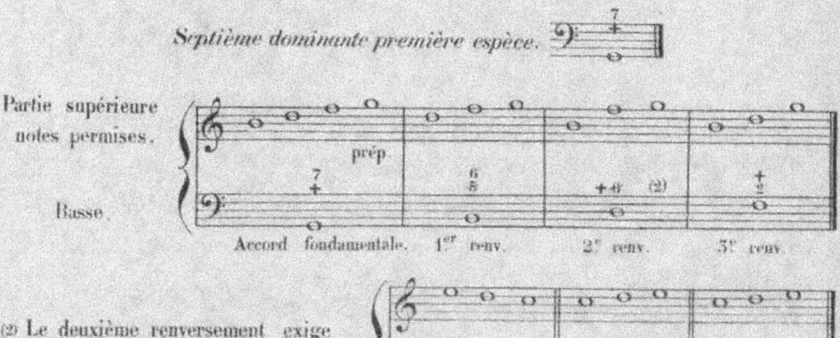

Neuvième *majeure* sur la *dominante*. 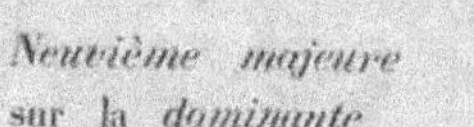

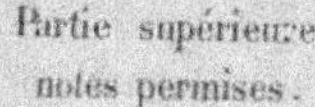
Partie supérieure notes permises.

Basse.

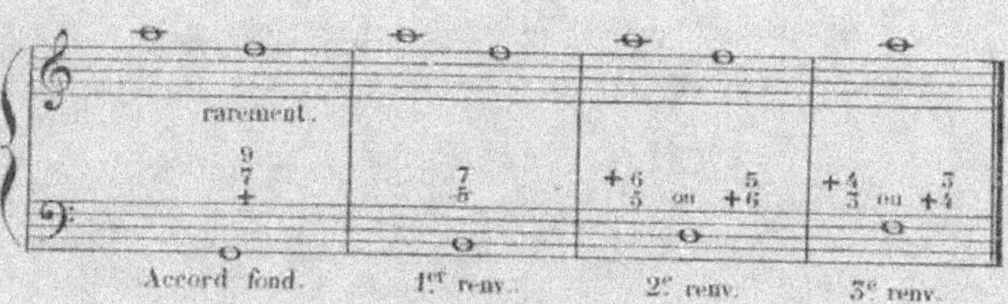

Neuvième *mineure* sur la *dominante*. 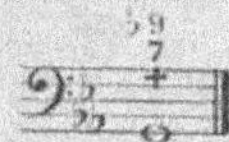

Partie supérieure notes permises.

Basse.

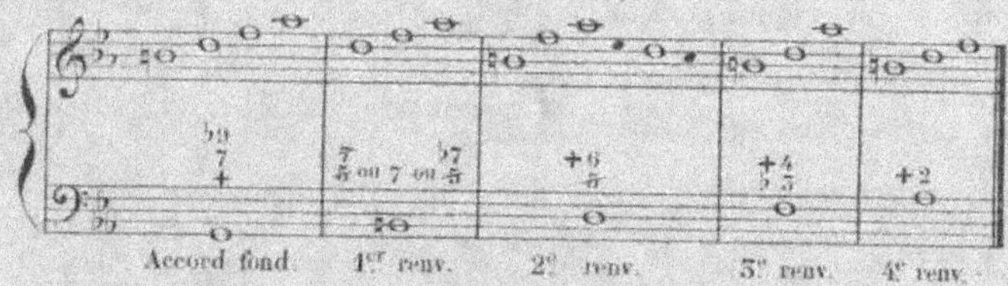

Septième de *deuxième espèce*. 

Partie supérieure notes permises

Basse.

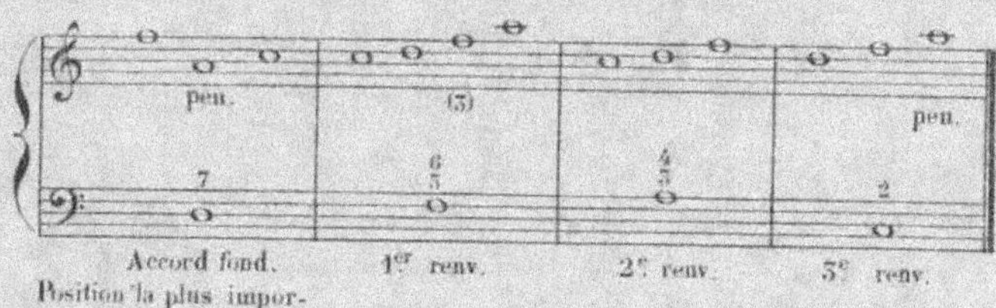

Position la plus importante sur le 2e degré de la gamme majeure.

(3) Note très-usitée dans la partie supérieure si le 1er renversement est suivi de l'accord de *sol* ou du 2e renversement de l'accord de *do*. 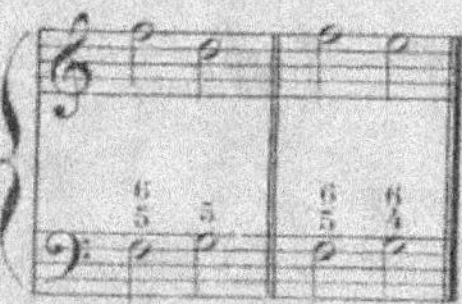

Septième de *troisième espèce* Cet accord est le même dans la gamme mineure que celui de seconde espèce dans la gamme majeure. il se comporte de même en toute chose.

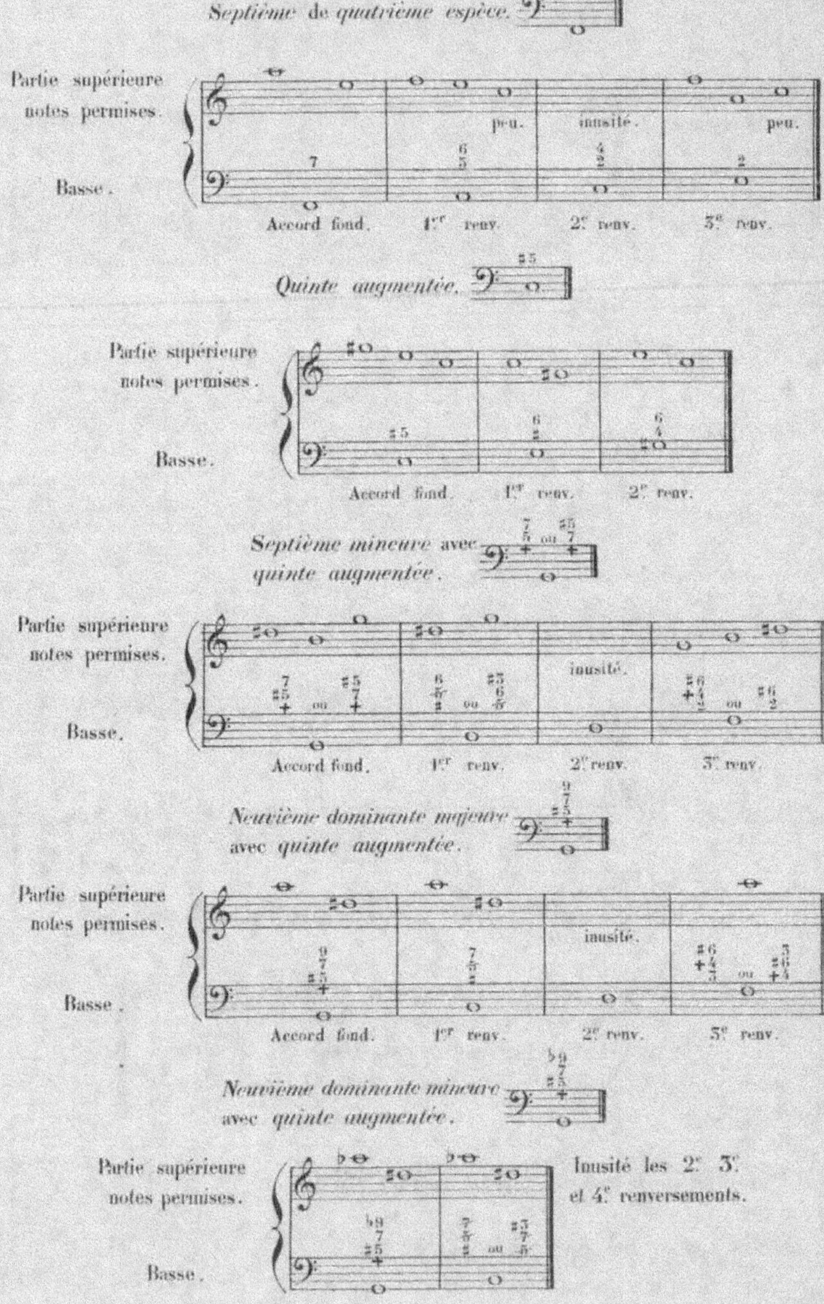

Septième de quatrième espèce.
Partie supérieure notes permises.
Basse.
peu.
inusité.
peu.
7
Accord fond.
1er renv.
2e renv.
3e renv.

Quinte augmentée.
Partie supérieure notes permises.
Basse.
Accord fond.
1er renv.
2e renv.

Septième mineure avec quinte augmentée.
Partie supérieure notes permises.
Basse.
ou
inusité.
ou
ou
Accord fond.
1er renv.
2e renv.
3e renv.

Neuvième dominante majeure avec quinte augmentée.
Partie supérieure notes permises.
Basse.
inusité.
ou
Accord fond.
1er renv.
2e renv.
3e renv.

Neuvième dominante mineure avec quinte augmentée.
Partie supérieure notes permises.
Basse.
ou
Inusité les 2e, 3e et 4e renversements.

Quinte augmentée avec *septième majeure*.

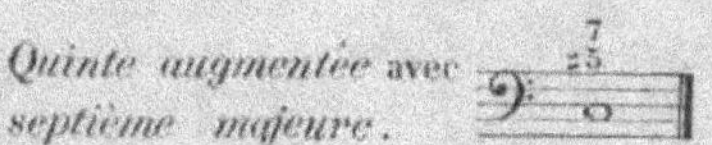

Partie supérieure
notes permises.

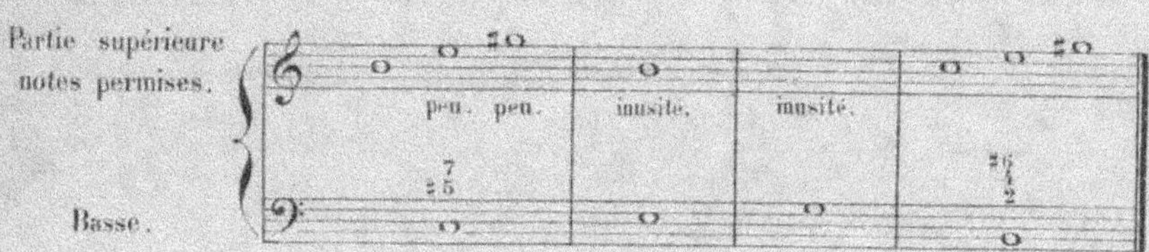

Basse.

Quinte augmentée avec *septième et neuvième majeures*.

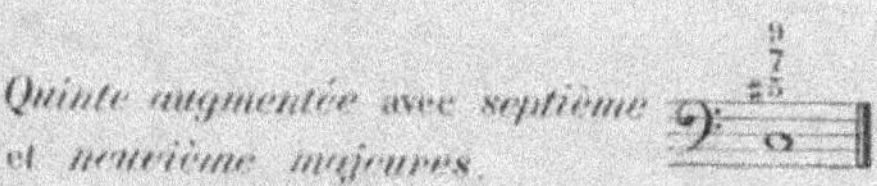

Partie supérieure
notes permises.

Inusité les 2.° 3.°
et 4.° renversements.

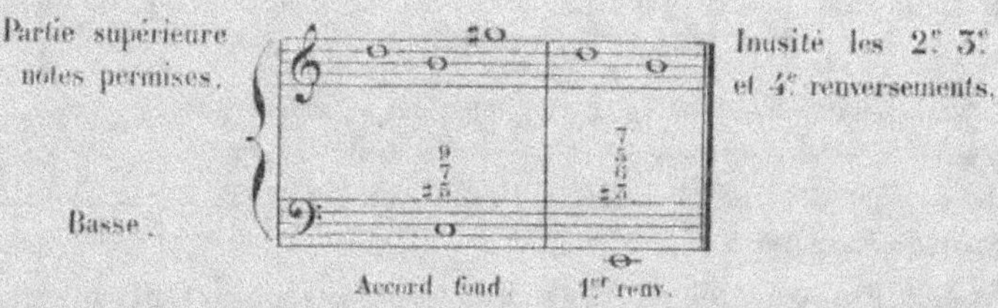

Basse.

Septième mineure avec *tierce majeure* et *quinte diminuée* formant l'accord de *sixte augmentée* avec *quarte*.

Partie supérieure
notes permises.

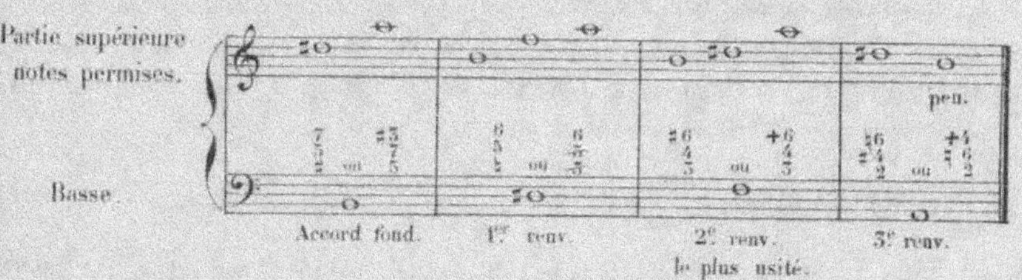

Basse.

Neuvième mineure avec *quinte diminuée* formant l'accord de *sixte augmentée* avec *quinte*.

Partie supérieure
notes permises.

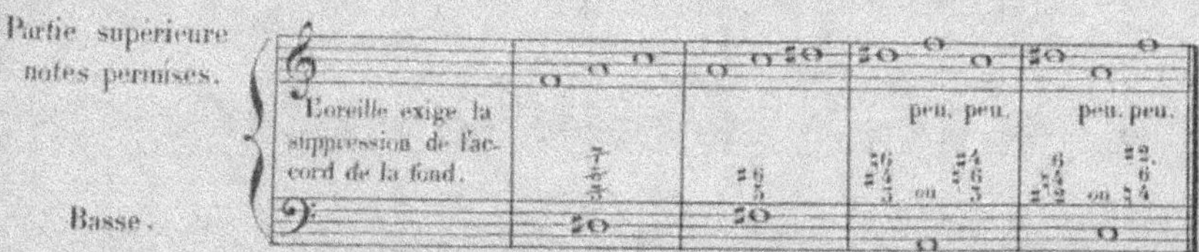

Basse.

FIN DU TABLEAU SYNOPTIQUE.

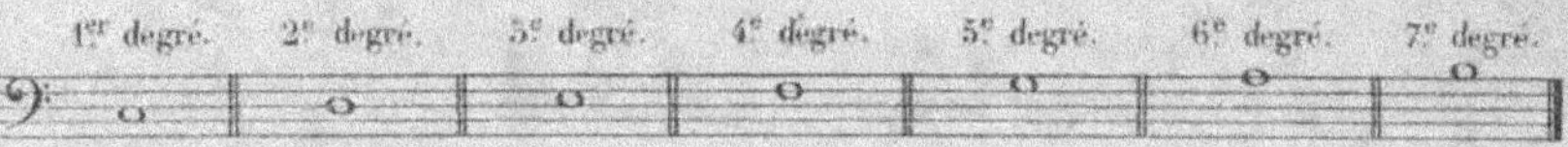

Fréquence des degrés.	Indispensabilité.	Tendance des degrés.
1er degré.	$(1^{er}\_5^{me})$ $(1^{er}\_5^{me})\ 4^{me}$	$1^{er}\ 5^{me}$
5me —	$(1^{er}\_5^{me})\ 2^{me}$ $(1^{er}\_5^{me})\ 6^{me}$	$2^{me}\ 5^{me}\ \genfrac{}{}{0pt}{}{-4}{-6}{-1}$
4me —	$(1^{er}\_5^{me})\ 4^{me}\ 2^{me}$	$4^{me}\ 5^{me}\ 1^{er}\ \substack{presque\\jamais}\ \genfrac{}{}{0pt}{}{6}{2}$
6me —	$(1^{er}\_5^{me})\ 4^{me}\ 6^{me}$ $(1^{er}\_5^{me})\ 2^{me}\ 6^{me}$	$5^{me}\ 1^{er}\ 6^{me}$ peu 4me
2me —	$(1^{er}\_5^{me})\ 4^{me}\ 2^{me}\ 6^{me}$	$6^{me}\ 4^{me}\ 5^{me}\ \genfrac{}{}{0pt}{}{4}{2}-1^{er}$

L'ordre des nombres sera quitté ici en faveur de l'ordre d'utilité.

Le 1er *degré* est le plus employé, attendu son utilité fondamentale.

Le 5me *degré* qui a la même importance que le 1er degré, est également employé comme utilité fondamentale.

Le 4me *degré*, d'un caractère très-varié, fait aussi pressentir quelquefois la cadence parfaite.

Le 6me *degré* qui a un peu moins d'importance que le 4me degré est aussi très-employé.

Le 3me et le 7me *degrés* à part les marches d'harmonie dont ils sont une des parties, ne s'employent presque pas. Car le 3me degré a une tierce mineure qui est presque toujours sous-entendue majeure et fait désirer le ton mineur relatif. Le 7me degré, étant la note sensible, a forcément sa résolution sur la tonique.

Il ne reste que le 2me *degré* qui est le plus riche et le plus recherché.

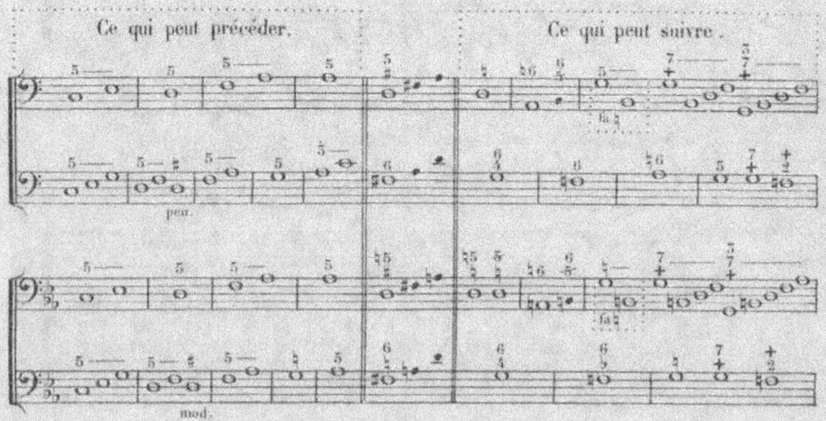

Ce qui peut précéder

Ce qui peut suivre.

Ce qui peut précéder.
Ce qui peut suivre.
mod.
peu.
fa♮
Ce qui peut précéder.
Ce qui peut suivre.
5 peu
en sol.
peu.
peu.

Ce qui peut précéder.   Ce qui peut suivre.

Il nous servira à faire une application pratique.

LES RIANTES MIGNONNES[1]

On voit d'après cet exemple, qu'une pensée peut toujours être créée avec des accords de toniques et de dominantes. Si l'on désire que cette pensée mélodique soit plus moderne et plus élégante, on peut alors d'après ce tableau, trouver une harmonie plus recherchée et dont l'effet soit plus satisfaisant.

Le premier accord est un accord recherché ou artificiel; tous les autres accords sont des accords naturels.

Dépasser le but, ce n'est pas l'atteindre, or, le titre de cet ouvrage indique qu'il doit avant tout, être préparatoire, élémentaire, et ne pas se laisser entraîner dans les règles de composition; je laisse à d'autres, plus compétents que moi, le soin de traiter cette matière.

Je n'ai voulu par ce tableau du 2e degré, que signaler les bons effets que j'en ai obtenus, soit en me servant d'harmonies artificielles ou recherchées sur un chant donné, soit en cherchant un chant sur une basse donnée.

Les gens du monde et les jeunes artistes trouveront dans le magnifique ouvrage de monsieur François Bazin, tous les éléments nécessaires pour arriver à ce but.

---

[1] Morceau de piano sur des motifs originaux (inédit) composé en faveur de quatre sœurs mes élèves, nées d'une famille des plus honorables de Paris.

Je ne puis mieux terminer cet ouvrage, qu'en rendant hommage à la mémoire d'un élève distingué entre tous. cet élève avait 20 ans. j'en avais 16, il était à l'école d'application de Metz. Après sa leçon, c'était moi qui recevais la sienne toute paternelle. Il faut trois choses pour arriver me disait-il. et qui se résument en une seule: *le travail, le travail, et encore le travail;* prenez des notes de tout ce qui vous frappera l'esprit relativement à votre spécialité, vous en formerez un journal et un jour vous me remercierez de vous avoir indiqué mon système.

Ce jeune homme qui me parlait ainsi devait être une des gloires de la France «le maréchal **Niel**»

Plus tard, il a eu la bonté de se rappeler nos leçons et de me dire un jour dans son cabinet: «J'ai lu avec soin l'examen critique de l'ancienne Flûte comparée à la nouvelle. je regrette de n'être pas plus compétent, car je ne me crois habile qu'en fortification. mais je crois à votre succès.»

Si j'avais deviné l'avenir, j'aurais pu en 1822 à Metz être très-facilement l'intermédiaire entre deux hommes éminents qui se seraient compris, aimés et estimés quoique s'occupant de deux arts bien différents.

La guerre: Mr **Niel**. La musique: Mr **Ambroise Thomas**.

TABLE DES MATIÈRES.